政治に希望はある

小池晃対話集

新日本出版社

まえがき

２０１１年３月１１日から８年が過ぎました。東日本大震災と、東京電力福島第一原発は、未曽有の被害を広げ、いまも多くの人々に深刻な苦難をもたらしています。同時に３・11は日本の政治の風景を大きく変えるきっかけともなりました。

震災翌年の３月から首都圏反原発連合の首相官邸前、国会前での抗議行動が始まり、日に日に参加者が膨れ上がりました。首相官邸や国会の前に、勤め帰りの会社員や、家族連れの方が参加して声を上げることが、日常的な風景になっていき、そして同様の光景が、全国各地に広がっていきました。

運動の高揚は２０１５年の安保法制＝戦争法に反対する闘いの中で頂点に達しました。８月３０日には国会前と霞が関一帯を１２万を超える市民が埋めつくしました。運動の広がりの中で、野党の国会議員も次々とスピーチにかけつけるようになりました。

９月１９日の未明、戦争法強行の参議院本会議で、私は野党のラストバッターとして反対討論をおこないました。そのとき、国会の正門前では雨の中、ＳＥＡＬＤｓ《シールズ》（自由と民主主義のための学生緊急行動）や「安全保障関連法案に反対する学者の会」の皆さんが、「野党はがんばれ」と声をからしてコールし続け、戦争法の強行成立直後、そのコールは「選挙に行こうよ」「野党は共闘」に変わっていったと聞きました。

そして日本共産党はその日の午後、党本部で緊急の中央委員会総会を開き、戦争法廃止、安倍内閣打倒のたたかいをさらに発展させることを訴えるとともに、戦争法廃止で一致する政党・団体・個人が共同して国民連合政府をつくることと、この点で一致する野党が、国政選挙で選挙協力をおこなおうとよびかけたのです。

闘いの広がりとともに、多くの方々と新たに出会い、新たな交流が生まれました。本書には、この間、「しんぶん赤旗」紙上などで、立場の違いを超えて応じていただいた方々との対話を収録させていただきました。

また、日本共産党が新たな取り組みとして2012年10月から始めたインターネット番組「とことん共産党」にも多くの識者の方に出演していただきました。その中から今回は、中島岳志さんとの対話を採録。そのほかの出演者の方々にも、この場をお借りしてお礼申し上げます。

そして、国会前で何度もご一緒した中野晃一さんとは、いまの政治情勢も踏まえて新たに対談の場を設けさせていただきました。中野さんの、知的刺激に満ちたお話に聞きほれてしまいましたが、その中で話題になったフレーズが「希望」です。あまりにひどい政治状況だけに、批判や告発にとどまるのではなく、政治に希望があること、その希望の中身を説得力をもって示していくことが、これからの私たちの大きな課題だと思います。それが、本書のタイトルを「政治に希望はある」とさせていただいたゆえんです。

いよいよ、希望の灯を掲げ、新しい政治をつくる時です。日本共産党は、世界観や歴史観、宗教的信条の違いを超えて大同団結する「統一戦線」によって、民主主義的改革を進めていくことを、党の基本文書である「綱領」でうたっている政党です。

日本共産党綱領では、統一戦線の発展の過程で、一致点にもとづく統一戦線の条件が生まれた場合、「その共同が国民の利益にこたえ、現在の反動支配を打破してゆくのに役立つかぎり、さしあたって一致できる目標の範囲で統一戦線を形成し、統一戦線の政府をつくるために力をつくす」としています。いまの市民と野党の共闘は、日本共産党が綱領で掲げた路線そのものであり、その路線が現実的な政治課題として日々展開しているのですから、まさにがんばり時です。

わくわくするような政治情勢が目の前に展開しています。これからも政治の希望を語り続け、その希望を現実のものにする決意です。

本書が、そのための一助になることを願っています。

2019年3月

日本共産党書記局長・参議院議員

小池　晃

小池 晃 対話集 政治に希望はある もくじ

人間としての尊厳を守る政治

対話者

中野　晃一

（なかの・こういち）　１９７０年生まれ。上智大学国際教養学部教授。著書に『右傾化する日本政治』（岩波新書）、『戦後日本の国家保守主義――内務・自治官僚の軌跡』（岩波書店）など。

統計不正で政治の底が抜けてしまった

小池　お時間を取っていただきありがとうございます。今日は、現在の政治・社会状況などについて中野さんとお話をさせていただきます。よろしくお願いします。

中野　よろしくお願いします。

小池　早速ですが、国会の状況はご承知のように酷《ひど》いことになっています。毎月勤労統計の不正問題が出てきて底なしの感じです。労災保険、失業保険という、ある意味では最も厳しい状況に置かれている人たちが、本来受け取るべきものが払われていませんでした。しかも賃金は、経済の基本中の基本のものですが、そのデータが捏造《ねつぞう》されていた可能性があります。

実際にやられたことを見ると、去年（２０１８年）の1月から勝手に補正をしていたわけで、組織的・確信犯的隠蔽《いんぺい》にほかなりません。安倍政権の本質を象徴するような事件です。これを中野さんはどのように見ていらっしゃいますか？

中野　確かに象徴的な事件ですが、この間の流れで見ると、そこまでの意外感があるかと言えばありません。これまでの延長線上にあります。これまで繰り返されてきたのも、防衛省や厚労省、財務省に見るような政官あげての隠蔽だったり改竄《かいざん》だったりの嘘だったわけですから。

だから理論上は、そのようなことをやりそうな政権だとか、日本の政治自体がここまで壊れているのかと思わせるものでしたが、やはり驚いてしまいますね。実際のところ、これまでも統計がおかしいと言われていましたから、やっぱりという感じがします。

それだけでなく、露見してからもこの政権はことの重大性がわかっていないのか、分かったうえで隠そうとしているのかと言えるような、これまでと同じパターンの対応になっています。これは非常にまずいと思います。

統計というのは、英語でスタティスティクス statistics と言いますが、もともとはステート state を語源とする事からもわかるように、国家の根幹をなすものです。ＧＤＰなどもそうですが、国民経済にとっての根幹になるものです。国家を前提にしているのであれば、政治的な党派性のないデータとしてきちんと測られなければならないのに、そこまで政権が手を出してしまった。それをいつ誰がどうして手を出し始めたのかがまだ分からないわけですが、去年の1月からは不正に不正を重ねる「補正」という形の偽造をおこない、さらにまずくしてきたことが明らかになっています。これを具体的に解明しない限りは、本当にこの国は崩壊してゆくことになります。

通常であれば、私のようなリベラル左派というのは、〝国家、国家〟と話をするのが好きではありません。ところが、「国家が壊れる」ということを心配しなければいけなくなってきました。恐ろしいことですね。

小池　振り返ってみると、「補正」というデータの捏造がされた頃は、ちょうど裁量労働制のデータ捏造が問題になっていた時でした。3月には森友問題での公文書改竄が発覚しました。さらに8月には、障がい者雇用率の水増しが、11月には外国人労働者の失踪理由のデータ改竄が明らかになってきました。そうした安倍政権のモラル大崩壊という状況のなかで、今回のことも起きています。

「市民連合」（「安保法制の廃止と立憲主義の回復を求める市民連合」）の皆さんが、去年ごろから「嘘のない、正直な政治を」と強調していますが、そこまで言わなければならないようになりつつあるという深刻さがあります。

政治責任とは何か

中野　私たち「市民連合」のグループが抗議を始めたのは、もともとは違憲の安保法制が強行されてゆく過程でのことでした（2015年9月に安保法成立）。そこで訴えた「憲法を守れ」という主張もかなり初歩的なことでしたが、「嘘のない、正直な政治を」ということをわざわざ国会の前へ叫びにいかなければいけないのは大変なことです。そこまで政治のレベルがどんどん下がってきているというのは深刻です。

このことでは「どっちみち怖い」という問題があります。

一つは、政権側である首相や大臣、政治家がどこまでこのような不正に関与したり知っていたのか、あるいは指示をしていたのかということです。それがあったのであれば、もちろん大問題です。秘書官を使ってだろうが、どのような経路を使ってであろうが、国家的な隠蔽や捏造を政治の意思でおこなっていたとするならば、国民に対する大変な裏切りとなります。

その一方で、もし、政権側が関与していなかったとなれば、官僚が勝手にやっていたことになります。それはそれで恐ろしい話です。そういう意味で「どっちみち怖い」ということになります。

防衛省の自衛隊日報問題の時もそうでしたが、そもそも政治責任というものはそういう性格のもので、どっちに転んでもまずい話です。直接、大臣や総理、あるいは官邸が関与していようとしていまいと、政治責任を負わないといけないのが、議院内閣制の根幹にあります。それを、政権側は自分たちは関与していないと言い、官僚側も組織的におこなったわけではないと適当なことを言ってお茶を濁している。へたをすると、政権側はちゃんと指示をしているのにという、被害者面をするようなところまであります。

ですから、いま社会全体がこれをやり過ごしてしまうという事態になっているとするならば、本当に法治国家どころか国家の体をなしていないことになります。

小池　そういう時に本当は、国会が行政監視機能を強めて、行政府と対峙《たいじ》して正すべき所を正していく役割を果たさなければいけません。しかし、政府も与党もそれにまったく応えようとしないので、国会が機能を果たせなくなっています。

安倍首相に至っては自らを「立法府の長」だと何度も言っていますから（2007年5月、16年4、5月、18年11月）、本当にそう思っているのかもしれません。最近では、「私は総理大臣ですから、森羅万象《しんらばんしょう》すべて担当しております」（2月6日）と予算委員会で発言しました。立法府の長から「神の領域」にでも達したつもりなのか、権力を行使することへのためらいがなくなってきて、ある意味、独裁政治的な様相を強めています。国会での閣僚の答弁でもご飯《はん》論法（言い逃れや論点のすり替え）的なことが多くなって、まともに野党の質問に答えようとしていません。

一方、官僚の方は平目《ひらめ》のように上の方の官邸の動きばかりを見て動いています。森友問題などでは、安倍首相が「私や妻が関与したのなら、総理大臣も国会議員もやめる」（2

０１７年２月）と言った途端に、みんなが文書を改竄し、真実を隠すという方向に走ってゆくようになっています。

中野さんは「国家が壊れている」とおっしゃいましたが、本当にいまはそういう段階に来ていると思います。

モラル崩壊をつくり出した「政治家主導」の改革

中野　そうなんです。先ほど触れられていたように、この間、「市民連合」や抗議している人たちは、求めているものを最低限のところまでにせざるを得なくなっています。例えば「みんなのための政治」や「当たり前の政治」という言い方にしても、日常生活のなかで生活したり働いている人たちからすると、当然守らなければならないルールや常識、良心というレベルの表明です。そこまで政治のモラルが崩壊してしまっている状況が、永田町や霞ヶ関において常態化してしまっています。

どうしてこのようになってしまったのかを考えると、根深い問題があると思います。

それは、１９９０年代の「行政改革」や「政治改革」という流れです。その帰結としてこのような方向に動いてしまったのでしょう。安倍さんほどまでに、なんの良心も常識もない、モラルもないという状況がいま生み出されているわけですが、これらの「改革」などを通じて制度的な準備が進められてきたのです。だから、本当にあくどい人たちが政権を握ってしまうと、こういうところまでゆきかねません。民主的な統制が形骸化してきてしまったのだと思います。

いわゆる「決められる政治」をつくるということで小選挙区制が導入され、内閣機能＝官邸機能の強化がおこなわれました。これは自民党だけでつくられたものではありませんが、その間、「政治主導」という名の下で「政治家主導」の制度をつくってきてしまったことにあります。この点では、野党側でも謙虚に反省すべき人たちや政党がいると思います。

そして、この「政治家主導」の制度が、現在の政党政治のなかで、唯一のチェック・アンド・バランスの機能、最後の砦《とりで》として残ったけれども、それを司っているのが安倍政権ですから、政権を取ったらやりたい放題やるという無茶な制度設計になってしまいました。

ここまで至ると、政治が単なる支配になってしまいます。本来ならば政治には相互性があって、それぞれの人間に権利や尊厳があるなかで、妥協も含めて、どうやって難しい判断をしてゆくのかを考える永遠の営みが政治です。なのに、権力を一手に集めれば、あとは服従させ支配すれば良い、屈服させれば良いという、相当いびつな政治家が、この安倍政権になって、ついになんのチェックも働かない状態で暴走してしまうようになりました。

国会は三権分立を前提にして国民の代表が集まる最高機関という位置づけだったのですが、結局のところ単に多数派を形成すれば、その政権が好きなようにできるというものになってしまったのです。

だから、いまの安倍政権をどうするかとか、とにかく終わらせなければならないという議論とは別に、もう一回、政治のあり方を根本的に議論してゆくことも必要になってくると思います。

小池　選挙で国会での議席配分は決まるわけですが、中野さんがおっしゃるように、多数を獲得した党派が勝手にやりたい放題をして良いということになれば、なんのための国会なのかということになります。そもそも、国会の存在自体が否定されることになります。

この前、国会で出入国管理法（入管法）の議論をした時に、自民党の衆議院議員が「この問題は議論すれば議論するほど問題が出てくるから」と言って、採決を強行しました（2018年12月）。しかし、そもそも意見や立場の違いがあるからこそ、国会というものがあり、そこで議論がおこなわれるのです。もともと考え方が違うことは百も承知しているのですから、「議論をしたら問題点が出てくるから」と、議論を打ち切るのであれば、国会はいらないということになります。そういう段階まで、いまの自民党の劣化は進んでいると思いますが、それを準備したのが、９０年代以来の「政治改革」の名の下の制度変更だったということですね。

日本のいびつな議院内閣制は、時代遅れでどこの国にもない

中野　そうです。小選挙区制によって、実際には投票した有権者の過半数の支持を得ているわけでもないのに、議席上は自公で三分の二を超えるという圧倒的な過半数になってしまっています。それこそ捏造してしまう仕組みを導入することで、多数派の専制――実際には少数派の専制ですが――、あたかも民主的に選ばれているからという形になりました。

小池　中野さんはよく指摘されていますが、選挙での自民党の票は、麻生政権から鳩山政権への政権交代となった２００９年の得票よりも、この間の三回（２０１２年、１４年、１７年の総選挙）の得票は少なくなっています。にもかかわらず、小選挙区制のマジックによって、圧倒的な議席を占めて、まったく民意を反映しない結果になっています。

中野　この選挙制度のことでは、いわゆるイギリス型のかなり強権的な議院内閣制（ウエストミンスター型〈Westminster system〉とも呼ばれる）と、ヨーロッパ大陸に通常見られるドイツなどの比例代表制のコンセンサス（合意）型を対比する議論があります。コンセンサス志向の政治では、連立政権が常態化して立法に時間がかかるけれども、イギリスのウエストミンスター制で二大政党制をつくれば、単独政権ができてかなり強硬に立法ができるという対比です。

この前提の当否は置くとしても、日本は周回遅れというか、かなり異例ないびつになっていて、それが際立っています。別の言い方をすると、日本がモデルとしてきたイギリスでは、従来の形ではあまりにも破綻している――「選挙独裁」という言葉が使われたりするわけですが――からという理由で、ここにきて議会の権限を強めるとか、首相が勝手に解散することが出来ないようにしたり、司法の独立を強化したりしています。イギリスでさえそのような変化が起きてきているのに、日本の場合は、かなり時代遅れになっていて、どこの国もやっていない、いびつな議院内閣制になっています。

ところが、そのことをメディアも含めてほとんど話題にしていません。われわれ「立憲デモクラシーの会」では、そのことを指摘しているのですけれども、メディアの論調はいつまでも９０年代のいわゆる「改革路線」を引きずったままで、それから四半世紀も経とうとしているのに、それがもたらした政治の劣化についての認識がまったく追いついていません。残念なことです。

政治責任を蔑ろにする異常

小池　イギリスのこの間のＥＵ離脱をめぐる議論を見ていると、それなりに議会の役割を果たしていると感じます。国民投票であのような結果になったけれども、その後も議会での議論が続き、なかなか解決は見えていませんが、なんとかコンセンサスをつくろうと努力しています。

日本の場合は、安倍首相が決めたとたんに一瀉千里《いっしゃせんり》で突き進むとなり、イギリスの議会が果たしているような役割とはかなり違ったものになっています。

中野　そうなんですよ。ただ、日本のなかでも９０年代のなかばぐらいまでは、もうちょっとバランスのとれた議論もありました。その一方で行政権力を強くしようとする動きはもちろんあったのですが、国会の行政監視機能をなんとかしないといけないとか、市民社会のアクター、いまで言えばＮＰＯやＮＧＯがもっと活動しやすくなるようにしようという議論があったのです。それがどこからか、議論が矮小化《わいしょうか》されてしまいました。

イギリスの場合は、ご指摘の通りＥＵの離脱を巡っても、議会は政府が明らかにしてこなかった法的なアドバイスを開示するよう求める決議を、与党も含めて採択し、政府がそれに従わざるを得なくなりました。

強権的で知られたサッチャー政権が１９８０年代にありましたが、７９年に政権に就いた直後の時は、セレクト・コミッティー（select committee）というのですが、行政監視――いわば政権に気に入られて大臣になろうという議員がいても、与党の中で必ずしもそれを支持しない人たちがまじめに政策分野の省庁をシャドーする形で――のための委員会システムを新たにつくって、そこがある程度、与野党の枠を越えて立法府として行政府のアカウンタビリティー（accountability　説明責任・義務）をとらせることをしていました。サッチャー時代もですが、いまもおこなわれています。

このアカウンタビリティーという言葉が日本に導入された時には、それなりに話題になりましたが、いまではどんどん蔑《ないがし》ろにされています。このアカウントという言葉には、説明するという意味があるわけですけれども、中にカウントというのがあるように、「勘定」という非常に素朴な意味もあります。「お金の勘定」ということです。

この間の森友・加計の問題や統計を勘定するということもそうですが、国家にはその機能として予算を扱ったり、国民経済を全体として政策を考えたりしながらあるべき方向に導いてゆくという役割があることを考えると、そのための勘定をどうやっているのかを国民の代表が集っている議会、つまりは国民に対して、説明することが重要になります。これが極めて根源的な政治責任としてあります。

そのことの認識を欠いたまま、まるで選挙結果だけで全権を委任されているかのようにふるまう横暴が、安倍政権でおこなわれるようになりました。時間の経過のなかで政治家の質や政治そのものが劣化し、与党の中では自浄能力さえなくなってしまったのです。

小池　外国人労働者の人権侵害を放置したまま、受け入れを拡大する改定入管法では、ほとんどが政令に委任する形になりました。さらに驚くのは、この法律の中で外国人労働者の受け入れを拡大する「意義」が書かれておらず、今後、閣議で決めるとなっていることです。意義すら法律に書かずに、行政府に委ねるというのはどういうことなのか。まさに国会の機能を投げ捨てて、すべてを行政に委ねるという形になってしまった。そのような法律が増えてきています。異常な状況です。

「差別の政治」を生み出す世襲三代目たちの空気

小池　それに加えて、この間の安倍政権の特徴として「差別の政治」ということがあります。〝ＬＧＢＴ（性的マイノリティ）には生産性がない〟という自民党の杉田水脈《みお》議員の発言が出たり、少子高齢化社会の原因を「子どもを産まなかった方が問題なんだ」などの暴言を繰り返す麻生太郎財務大臣しかりです。

嘘と隠蔽の政治の一方で、このような「差別の政治」は、裏腹の関係にあると思います。この「差別の政治」を生み出すものが、中野さんはどこにあると考えていらっしゃいますか？

中野　安倍政権には、政治というものを「支配と服従」とでしか理解できない人たちが挙《こぞ》っています。だから、「差別の政治」が起きていると思います。単純に言うと、政権にいる人たちの多くが世襲三代目以降になるからでしょうね。この人たちは特権階級のなかで生まれ育っていて、我々から見れば国家権力をここまで私物化していてよく恥ずかしくないなぁと思いますけれども、もともと国家権力あるいは国家を自分のものだと、彼らは思っているわけです。その無邪気さがあって、政治というかなり厳粛な営み、常識的に考えれば緊張感をもってやるべきなのに、緩みきった空気のなかにいるんですね。三代目の内輪の同好会のようなものです。

小池　いわゆる「お友だち政治」ですね。

中野　そうですね。この人たちはみんな家業を継いでいるためか、いわゆる「上から目線」になっていることに気づかないぐらい、そのような見方を内面化してしまっているのだと思います。だから、そもそも個人一人ひとりに尊厳や権利があるとか平等であるということを肌感覚でわかっていない、受け入れていないのだと思います。

ところが、身内や親族、お友だちだったりになると、べったりとなって、なんでも面倒見合ったりすることになります。その一方、その枠の外にいる人のことは敵視して、「こんな人たち」という言い方をし、沖縄県の人たちに対する仕打ちなどに見られるように、埒外《らちがい》にあると、征服の対象＝「支配と屈服」の対象としてしか見ていません。そのような身内の高揚感や団結心だけで回していることが、端々に出る発言になってくるのです。

三代目たちの拠り所は、大日本帝国憲法よりも教育勅語にある

中野　これは憲法の話とも関わってきます。彼らは究極的には憲法を「改正」したいのだと思いますが、本当は憲法そのものが欲しいわけではないのです。大日本帝国憲法の方がいまの憲法よりも良かったと思っているでしょうが、大日本帝国憲法に拘《こだわ》っているわけでもありません。彼らが一番心の拠り所としているのは、教育勅語です。教育勅語があればそれでいいと思っています。

それはどういうことかと言えば、教育勅語が基本としている「長幼の序」（年長者と年少者との間にある秩序）とか「皇国日本」を語る人びとにとっては、教育勅語が権力や価値、徳の源泉になっているのです。この源泉から近ければ近いほど徳に近く、それから遠ざかってゆくところに世界が構成されているのだけれども、その徳が及ばない所が征服の対象になります。〝そこは平和や秩序を脅かしかねない危ない所だ。だから治めなければならない〟という世界観があるわけです。

だからLGBTなどへの差別はその世界観から滲み出てくるのでしょう。そこでは「生産性」ということがキーワードになっていますが、言い換えれば「国家への貢献度」が低いと彼らが見なせば、当然差別をしているし、それを教化すべき対象、いわば教育勅語の教えを教え込ませる対象にしかなりません。〝もっと貢献しろ〟と屈服させねばならないと見ています。それが色々な発言・暴言に滲み出てきているのではないでしょうか。

小池　そうすると、嘘と隠蔽で支配を強めることと差別の構造とは一体のものということですね。では、それで何を敵視し壊そうとしているのかというと、戦後日本に積み上げられてきた民主主義の到達点になります。

中野　そうだと思います。彼らからすると、それらは押しつけられたものです。その象徴が憲法だという発想があるために、立憲主義などへの被害意識が出てきました。だから、「日本を取り戻す」という言葉に込められた意味は、そこにあります。彼らが左翼と見なす敵対勢力に対して「非国民」であるという思いが迸《ほとばし》るのは、その辺なのだと思います。自分たちは戦後に被害を受けたととらえています。本来であれば自分たちの家に付随してくる権力や国家の資産というものが、まるで公共のものであるかのようになってしまったと感じていて、そのことに対して非常な屈辱感を覚えているわけです。

日本会議については、小林節先生（慶應義塾大学名誉教授）が、〝ここに集っている人たちはみんな、明治憲法の下ではもっと良い生活を自分たちはできたと思っている人たちだ〟とおっしゃっていたのですが、確かにそうだなぁと思います。

要は、世襲だとかに関わってくるのだと思いますが、世襲をしている人だけでなく、三代目に取り入ることによって、言葉はきついですが、奴隷頭になることによって支配層に気に入られると思っているような「チンピラ」もどきがいて、それが取り巻きのように寄っていて、「殿様、凄い」と盛り立てているようなことではないかと思います。

小池　だから、彼らは憲法の問題にはかなり執念を持ってやっているということなのでしょうか。安倍首相は、昨年（２０１８年）秋の臨時国会の所信表明演説で、「改憲論議は国会議員の責任だ」とまで煽り立てて厳しい批判を受けました。今国会（２０１９年１月から開かれた第１９８通常国会）では、自民党の二階俊博《としひろ》幹事長の代表質問に答えるという形で、延々と改憲への熱意を語りました。

さらに、2月の自民党大会では多くの自治体が自衛隊員募集への「協力を拒否」していることを、9条改憲の理由としました。しかし法令（自衛隊法施行令第126条）では防衛大臣が自治体に対して、自衛隊員募集に関して、紙媒体などで適齢者名簿などの「資料の提供を求めることができる」とされているだけで、義務ではありません。今回の安倍発言は、改憲の狙《ねら》いが、自治体から若者の名簿を強制的に召し上げることにあることを告白するものでした。このように、かなり執念を持ってやってきているし、自民党も党として統一地方選挙で改憲を争点にするとまで言い出しました。小選挙区単位で改憲推進本部をつくって、草の根から改憲運動を展開しようとしています。これまでのような安倍総理自身が露骨に旗を振る路線に加えて、「草の根型」の改憲路線を推進しつつあると思います。

それだけに、いま「総がかり行動実行委員会」が呼びかけている「3000万署名」のような草の根から安倍改憲を許さない運動が大事になっています。

安倍政権を支える復古主義と新自由主義の両輪

中野　安倍政権を支えているものが、大雑把《おおざっぱ》に言うと車の両輪のように二つあります。

一つは、先ほど申し上げた教育勅語的な世界観、あるいは靖国的な復古主義的世界観を持っていて、それで憲法を変えるということを、特に大きな至上命題として考えている復古的な保守があるわけです。

もう一方に、財界や新自由主義的なエコノミストと言われる人たち、あるいは対米追随的な経済・安全保障政策を主導すべきだという人たちがいます。

もちろん、復古主義的なものとこの部分とが重なっていることもあればないこともありますが、結局は安倍政権というものは、この両輪によって支えられています。

よりハードコアな支持層となれば、当然、復古主義的な層ですが、彼らから見ると安倍首相しかいないわけですね。2007年夏の参議院選挙大敗後に開かれた臨時国会所信表明演説直後の、あのような無様な辞め方をしたにもかかわらず、もう一回あの人を総理にしようと、非常な熱意をもって、民主党政権期に「安倍信者」と言われるぐらいに動いた人たちがいたというのは、ほかに適当な人がいなかったからです。

中川昭一氏（自民党政調会長などを歴任、2009年急死）や麻生太郎氏、一時は稲田朋《とも》美《み》氏（防衛大臣などを歴任、自衛隊日報問題で辞任）なども首相候補に取りざたされたけれども、今の段階でも、まだ適当な人がいないのだと思います。

ただ復古主義だけでは勝てないので、いわゆるアベノミクスだとかも含めて、財界など経済と軍事の双方での対米追随路線を切望している層と一緒にやっていかなければならないとなって両輪で支えることになったと思います。

矛盾を深め始めた安倍政権の両輪戦略

中野　さらに、森友・加計問題が大きく出てきた2017年初頭ぐらいから、政権が綻《ほころ》びを見せてくると、求心力を高めるために、より露骨に両方に配慮・目配りした方向でアクセルを踏むようになりました。しかし、下手な人が運転するとガクッガクッとなるようなところがあって、どこに行こうとしているのかが、いま一つ分からないようになっています。改憲にしても、力《りき》みすぎて逆効果ではないかとの声が出てくるようなアクセルの踏み方をしたりするのも、そこなのだと思います。

復古主義の立場からすれば、安倍政権なのに、なぜ外国人労働者に無計画な形で扉を開《あ》けるようなことをするのかとか、北方領土問題では、保守やナショナリストを自称している人からすると、なぜこれまでの政府の立場をここまで後退させてプーチン大統領に譲歩し続けるのかという不可解さがあります。つまり、両輪のどちらかを喜ばせよう、支持を取り付けようとしているのですが、かなりジグザグになっているわけです。結果、全体としては何をやっているのかが分からなくなっています。

小池　中野さんがおっしゃるように最近の動きを見ると、両輪の回転数がそれぞれに違ってきたり、逆回転したりしているように見えます。けれども安倍首相にしてみれば、自らの求心力が弱まってくると、やはり改憲という方向でやるしかないのだと思います。だから森友の問題が出てきた時には、数ヵ月後の17年5月3日に「読売新聞」に自らのインタビュー記事を大々的に報道させ、自衛隊明記の条文改正や20年施行をめざすと明言し、「読売新聞を熟読してください」と言ってのけたのも、求心力を高めようとする思惑があったからでしょう。

一方で、ロシアとの領土交渉や外国人労働者の受け入れ拡大では矛盾が噴出してきています。内政でも外交でも、早晩ゆきづまるのではないでしょうか。

中野　そう思いますね。ただ、安倍政権は支離滅裂になっているのですが、そこまでしても権力にしがみついていたいとなっています。そのため、これまで以上に予想は難しいと思います。勝手に自滅してくれることもあるわけですが、それを待っているわけにもゆきません。また、こちらとしても、どう攻めて対応してゆくのかは、それなりに複雑になっているというのも、同時にあると思います。

世界政治の劣化のなかでの、伝統的支配層としての安倍政権

小池　中野さんは世界政治や政治体制の問題を研究しておられて、先ほどもイギリスのお話が出ましたけれども、安倍政治というのは世界政治の中でも異常ではないかと感じるのですが、際立っているというところはあるのでしょうか？

中野　これには難しいところがあります。世界的に見てかなり異例な部分があるからです。ただもう一方で、非常に残念なことですが、世界的に政治が劣化している問題がありあます。トランプ大統領やヨーロッパなどでの排外主義が、極めて強い勢力になってきたからです。

イギリスのEU問題もそうですが、ナショナリズムや反イスラム、反移民などをテコに保守反動の政治が、グローバル企業が経済を席巻してゆくのと同時に、絡み合いながら展開しています。

小池　似たような構造が、日本の安倍政治にもありますね。

中野　ええ。世界的な動きなのですが、特に日本では、立憲主義の危機、戦後の長きの間にいわゆる「西側諸国」ではこの程度は常識だと思われていた政治が、かなり壊れてき

てしまっています。それで、自己責任や差別感情のようなものが、主流化してきてしまいました。

興味深いのは、日本の場合、トランプ大統領などと違うのは、この間ポピュリズム（大衆迎合主義）ということがキーワードで注目されていますが、ポピュリズムではないわけです。ポピュリズムというのは、当然ある程度ポピュラーである必要があるのですが、安倍政治はポピュラーではありません。小泉純一郎さんだとある程度ポピュリズムの才能はあったと思うし、実際にその手法が用いられました。しかし、安倍首相はそれとはやはり異質です。まともにしゃべることも出来ない感じなので、安倍さんの言動を見て血湧き肉躍る人はあまりいません。

もう一つ言うと、いわゆるポピュリズム的な形で今日的な右傾化が政治として進む場合には、ある程度アウトサイダーが出てきます。例えばトランプ大統領のように、富裕層の出身ではあっても、軍を含めてなにも公職を担ったことがないという完全なアウトサイダーです。それが初めてアメリカ大統領になりました。あるいはヨーロッパで見られるように排外主義的な政党が、場合によっては80年代ぐらいにできていたけれども、最近になってできて、それが支持を伸ばすということなどと比べて、安倍首相は、もともと1950年代以来ずっとある自民党、しかも岸信介《のぶすけ》首相の孫で長州藩出身ということで、極めて伝統的なエリートなのです。ここでのエリートというのは単に支配層という意味で、「出来る人」ということではありませんが、伝統的な支配層が担っているので、奇妙な安定感があるように見られがちです。だから、通常、例えば新しいタイプとして出てきたフィリピンのロドリゴ・ドゥテルテ大統領やハンガリーのビクトル・オルバン政権、トランプ大統領と比べると、そのなかにはなかなか日本の安倍という人は入りません。それはなぜかというと、見た目では新しい人ではないからです。新鮮さはないが、安定感があるように見えるのです。しかもアメリカに追随するということでは、この間一貫していますから、その種の安定感があります。

だから私なども、比較政治学のなかで見ていても不満があるのは、日本のこの違った形というのが見落とされがちなことです。

では、そのように見落とされがちなのがそれで正しいかと言えば、ピントが合ってないわけです。歴史がそのまま繰り返されているわけではないのですが、1930年代を振り返ってみても、いわゆるファッショ政権が出来てゆくなかで枢軸国だったナチス・ドイツとファシスタ・イタリアと軍国主義に進むということで、日本は同列に扱われるわけですけれども、この時も日本はいまと同じパターンでした。要は、どこの馬の骨かも分からなかったヒトラーやムッソリーニが外から出てきてある種、大衆的な動きを威圧行為や暴力と選挙を合わせながら動員して政権を掌握したのに対して、日本はそのまま支配層がファッショ化してきました。

小池　そこがいまと似ているところですね。

中野　それを逆に言うと、先ほどちょっと申し上げたように、残念なことは、安倍政権で急に始まったわけではないということです。その前に色々準備されてきたものがあったうえで、それが最終的に安倍政権でタガが完全に外れてきてしまった状態が出てきたのです。そこがちょっと怖いところです。

尊厳を軸に世界で起きている新しい市民のたたかい

小池　一方、そのような危険な動きが世界で起こっているなかで、まだ萌芽的な部分はあるけれども、市民のたたかいという点で注目すべき動きが色々と起こっています。例えば、スペインの左翼政党「ポデモス」（スペイン語で「私たちはできる」）やギリシャの「シリザ」（急進左翼連合）は、日本共産党も関係を持っているのですが、かなり勢力を拡大してきていて、特に若い人のなかに支持を広げてきています。また、イギリス労働党では最左派の社会主義者と言われているジェレミー・コービン氏が党首になりました。このような新しい動きをどのように評価していらっしゃいますか？

中野　そこは、単純に歴史は繰り返すわけではないということだと思います。ファッショ政権が生まれた１９３０年代にしても、民衆側の動きというのは当然あったわけで、そこがなんとか凌ぎきったところもあれば、押し流されていった場合もあると思います。そのことを踏まえても、今日的に違う部分はあると思います。

それはここまで我々の代表であるはずの政党や政治家というのが完全にクーデター的な勘違いをしてしまって、強権を行使するまでになってきてしまっているなかで、市民社会の側から主権者である私たちがこの政治をやはり立て直さなければいけないということで出てきています。それが非常に大きいところではないかと思います。

これには、やはり尊厳が踏みにじられてしまっているということに憤りを感じている人たちが主役となっていることがあります。その中心に若い人や女性がいるのは、けっして偶然ではありません。強権的なリーダーたちが人びとを差別し平気で踏みにじるようなことをすることになってきた時に、やはりそのことによって一番酷《ひど》い目に遭《あ》っているところから、声が挙がるようになってきているという点が重要なことだと思います。

小池　確かに「尊厳」という言葉が共通して出てきていて、ポデモスの代表と日本共産党の代表が欧州左翼党（欧州各国の共産党、左翼党などが２００４年に結成した欧州レベルの政党）の大会で交流したのですけれども、そこでポデモスの代表が「経済危機が引き起こした失業・貧困から、『人間の尊厳』を擁護することが『活動の原点』だ」と言っています。シリザの代表は「経済危機のために、電気、水道、食事も欠乏し、医者にもかかれない状況に陥った人々に対して、政治の責任として、人間の尊厳を守れと訴えてきた」と語りました。共通して人間の尊厳を守る課題が語られていて、南欧では緊縮政策反対のたたかいが盛り上がっています。大量に失業者が出て社会保障がどんどん切り捨てられるなかで、様々な地域・分野のたたかいが人間の尊厳を守れという合言葉で合流して、選挙を通じて社会を変えてゆくといううねりが起こりつつあります。そこに注目しています。

「資本主義の総本山」であるアメリカでも、「最低賃金を15ドル＝1500円に」という運動が発展して、バーニー・サンダース氏が大統領選挙ではもう一歩で民主党の大統領候補になるまでになりました。昨年の中間選挙（2018年11月）では、民主党の女性議員が史上最多の当選を勝ち取りました。これらの人たちは、これまでサンダース氏のグループのなかで草の根で差別反対や最低賃金引き上げのたたかいをしてきた方たちですが、なかでも史上最年少（当時29歳）の女性下院議員となったオカシオコルテスさんの当選は象徴的なことでした。

そのような動きが世界で起こりつつあることは偶然ではないと思います。

尊厳という言葉のルーツが教えるもの

中野　言葉のルーツを見ても尊厳というのは英語ではディグニティ dignity です。フランス語やイタリア語でも同じような言葉を使っているわけですが、この根っこにある dignus という言葉は、価値があるという意味なのですが、歴史を遡《さかのぼ》ると、みんなに尊厳があったわけではないのですね。極めて貴族主義的な言葉で、もともとは身分相応の尊厳を持っている人たちにしか使わなかったのです。それが民主化されていったのですね。

民主主義のたたかいと、身分制を乗り越えて、誰もが尊厳があるのだという認識に至ってゆく過程というのは、この言葉が誰に適用されるのかということと一緒になっての政治闘争でもあったという背景があります。例えばヨーロッパの人たちがそのようなことで尊厳という言葉を使う時には、何世紀にも亘る人類の民主化のための尊厳を求めたたたかいがあったということと、その延長線上で自分たちもたたかったという意識を間違いなく持っています。

もともとで言えば、奴隷までゆかなくても、農奴と呼ばれたりもするように使用人として牛馬のように、なんの尊厳も権利も認められていなかった、法的にも政治的にもなんの保障もされなかった人たちが、人は生まれながらにして、みな価値を持っているということを勝ち取ってきたのです。それがいま再び脅かされてきているということになっていると思います。

私が面白いなと思うのは、このディグニティという言葉が、憤りという言葉と実は連動していることです。これは興味深いことです。英語でインディグネイション indignation という言葉があって、これは単なるアンガー anger という怒りよりも、腹の底から怒るようなもの、憤りのようなものがインディグネイションという言葉になりました。この「イン」という否定辞の後にディグニティと同じものがあります。要は、尊厳を否定された時に人びとが感じるのが憤りであるわけです。

だから、こんな雇用もない、給料がこんなに低い、権利が蔑《ないがし》ろにされているという状態で生きてゆけるかという、憤りを感じている人たちが、ディグニティ＝尊厳という言葉自体を、私だって憤ることが出来る人間なんだという意味で表明し、運動しています。そのなかで、初めて人びとは誰でも平等に扱われなくてはならない、あるいは等しく権利を持っているというような思想や制度が勝ち取られてきたし、いまもまた導かれなくてはならないということが、あちらこちらで共有されていることが重要です。

世界同時進行で進む「名乗りの連帯」

中野　また、いまの運動で興味深いと思うのは、私は「名乗りの連帯」という言い方をしているのですが、いま「市民連合」に結集しているような運動体の多くが「名乗りの連帯」なのです。例えば「ママの会」などが典型的ですけれども、これは別に「ママの会」でなければいけないわけではありません。パパでも良いし、おじいちゃんでもおばあちゃんでも、結婚していなくても子どもがいなくても、良いのです。「だれの子どももころさせない」ということに共感すれば良いわけです。

だけど、あえてママを名乗っています。このキモは何かというと、「ママだって怒っているよ」というところにあります。「ＳＥＡＬＤｓ（シールズ）」は一応学生を名乗っていますが、学生証でチェックしているわけではありません。そのようなことはどうでも良いわけです。その他にも「あすわか」という「明日の自由を守る若手弁護士の会」がありますが、これも属性を名乗っています。

けれども、そう名乗ることによって、そうじゃない人を排除しようとしているかというとそうではなくて、私たちは弁護士だけどとか、ママだけど、「これはあり得ないと思っているよ」ということ、「私も」という連帯の表明を名乗ることでやっているわけです。「学者の会」のなかで言えば、各大学の有志の会がその後もいっぱい出来て活動していますが、その辺りも結構ルーズな感じで、精神に共鳴してくれれば別に卒業生でなくても良いとか、割とざっくりしています。これはやはり同じ思いだという表明で名乗るということがあって、今日的な運動の広がりの特徴だと思います。いわば雑多な人びとがいっぱいいいて、「あなたと私は違う。だけど等しく尊厳や権利を持っているはずだ。このような政治のあり方、服従させようとするような支配はおかしい」と、声を挙げる時に、「あなたはあなたのままで、私も私のままで、しかし一緒に連帯しましょう。一緒に主権者として行動を起こしましょう」という繋がりだと思います。

それがさらに発展してきて、「保育園落ちたの私だ!」となった。これは面白いと思うのですよね。誰かがどっかで指揮をして、こういう運動をつくりましょうという運動をやっているのではなくて、かなり自然発生的にブログをきっかけとして始まったものです。「私は昔、子どもを保育園にやっていた」あるいは「友人や妹でこういう目に遭っていて、そのことのおかしさは私も、私のこととしておかしいと思う」ということを表明した人たちが、「保育園落ちたの私だ!」というプラカードを即席でつくってでも、国会前に馳せ参じるということになったのです。

小池　２０１７年にハリウッドの著名人が声を挙げて大きく広がり始めた性差別や性暴力に抗議する「#MeToo《ミートゥー》（「私も」の意）運動」などもそうですね。

中野　そうです。そのような形が、日本だけでなく世界同時進行的に、「私も」と名乗ることによって違う立場の人たちが連帯を表明して、このおかしな政治を変えなくてはいけないということに取り組むことになったのです。この先、これがどう発展してゆくのかは非常に興味深いとともに、心強いところだと思います。

日本のたたかいの景色を変えた

小池　中野さんが最初に使われた言葉だったと思いますが、「敷き布団と掛け布団」というお話がありますね。旧来の様々な運動＝労働組合や民主団体が、戦後営々と踏まれても踏まれてもたたかい続けてきて、いまも全国で地道に活動を続けていますが、その「敷き布団」の運動に、「掛け布団」と中野さんが言われる「市民連合」や「ママの会」「シールズ」のような新たな運動が加わって、日本の運動を大きく変えたと思います。

この「原点」は、やはり「３・11」だと思います。原発事故で自分たちの生活もすべて崩れ、政府や財界、電力会社がそれまで言ってきたことが嘘だったということに多くの市民が気づいて、これは声を挙げないと子どもたちの命も、自分の暮らしも守れないと立ち上がった。政治に対してモノ言わなければという動きの大きなきっかけとなりました。それがさらに爆発的に広がったのが安保法制＝戦争法のたたかいです。普通の市民が、国会前に出かけていって、声を挙げることがくり返しおこなわれるようになり、これが日本の風景を変えました。

市民の政治への関わり方が大きく変わったということ、また、あの運動が市民運動のわくの中にとどまるということでなく、政治や選挙に関わってゆこうという運動に発展していきました。特に、安保法制が強行された2015年9月19日未明、雨の中、国会前で強行採決に反対している野党を応援しようという「頑張れ、頑張れ」という声が、「選挙に行こう」「選挙で安倍内閣を倒そう」と変わっていったことは特徴的でした。市民運動の中で「選挙に行くことで政治を変えよう」となっていったのは、これまでにはあまりないことでした。

これに呼応するような形で政党も変わってゆきました。僕がこの安保法制の時にビックリしたのは、テレビの政党討論会に出た時でした。当時、民主党の代表で出席された方が「国会の中では我々は少数かも知れないが、国民の中ではこれが多数の声だ」と発言したのです。そのようなことを民主党の政治家が発言するのは、それまでにはほとんど聞いたことがありませんでしたから。野党の国会議員が、国会前の集会にくり返し参加をするなかで運動の力を実感して、その声に応えなければと考えるようになったのでしょうね。

私たち共産党もこのたたかいを通じて、そこで生まれた声に応えなければ政党としての存在意義が問われると考え、政策上の違いを横に置いて、集団的自衛権行使の閣議決定を撤回し、安保法制を廃止し、民主主義と立憲主義を取り戻すという一致点で共闘し、それまでの方針を発展させて、国政選挙での共闘を打ち出すに至りました。

市民運動が新たな段階に発展したことが、政党のあり方にも大きな影響を与えました。

リプレゼンテーションの失敗が生み出した新しい運動

中野　おっしゃるとおり、大きなきっかけになったものは、福島の原発事故だったと思います。その時に、私も含めてですが多くの市民層が愕然《がくぜん》としたのは、二つの意味でのリプレゼンテーション representation の失敗でした。リプレゼント represent という英語がありますが、「re」は再びということで、「present」は現在や存在という意味に繋がってゆきます。そこから代表という言葉が出てきたり、再現だったり表象という言い方をする場合もありますが、リプレゼンテーションは「再び現す」という意味になるわけです。

現代の民主主義においては、例えば古代アテネの民主主義とは違いますけれども、国民国家を単位としておこなっている以上、代表制に基づかなければ政治は出来ません。この代表というのは、実はいくつかの形をとるのですが、一番大事なのは我々の代表を議会に送ることです。それが代表制民主主義と言われるものですし、衆議院で言えば代議士という言い方をわざわざするのは、国民の代わりに議論をする人たちだからです。

ところが、「この人たちは、本当に私たちを代表しているのか」が怪しくなってきている。これが一つ目の失敗です。

もう一つの失敗は、メディアの代表機能に現れてきました。というのは、現在では、国家の意思決定と個々人を繋ぐものには、政党のルートだけではなく、マスメディアがあります。このマスメディアが果たすべき役割が非常に大きくなってきました。メディア・リプレゼンテーション、つまり、メディアが現実をどう再現して我々に伝えているのかに対して、かなり不信感を抱くようになってきました。それが原発事故の後でした。

我々は、自分たちの目や耳で直接知ることが出来ることはかなり限られています。どんな人でもメディアに依拠した形にならないと情報が分かりません。だから、どこでどういうことが起きているのかをメディアで知りたいと思っています。しかし、それがどうも歪んでいるのではないかと気づいたのです。

この二重の意味で代表制が失敗してしまったという事実に直面して、それまで安穏《あんのん》となんとなくシステムを信頼していた人たちを含めて、これはまずいなと思うようになりました。

いわば我々の代理人がちゃんとするべきことをしていない、知らせるべきを知らせていないのであれば、自分たちが出て行くしかないわけです。それが街頭行動という形に表れました。ただこの時は、いまに続く特徴だと思いますが、それ以前の抗議行動やカウンター・デモクラシーと言われるような、間接民主主義に対抗するような形での直接行動と異質な部分が生まれたと思うのです。それは何かと言ったら、結局、代表制を修復しなくてはならないという思いで出てきているものです。だから、前の運動に取って代わろうとしているものではないのです。

私も国会前で「野党頑張れ！」「小池頑張れ！」と叫んでいたわけですが、自分もその中にいてこんなことをするとは思ってもいないことでした。民主党の「福山（哲郎《てつろう》）頑張れ！」も言っていました。それは数年前の自分なら冗談でしょうという出来事でした。そこに集まった人はみんなそうだったと思います。

ですから、野党がいくら歪んだ選挙のせいで数が少なくなっていても、自分たちを代表しようと頑張っているから、それを我々はバックアップして声を挙げてゆかなければいけないという思いなのです。その自然な延長線上として、デタラメな「かまくら採決」（15年9月の安保法制審議の際、参議院特別委員会での与党議員による「人間かまくら」で委員長を守っての採決のこと）強行や、その際の議事録の捏造《ねつぞう》がされたからとおしまいにするのではなくて、なんとか野党を修復して立て直し、やはり私たちの代表を議会に送ろうという運動に繋がっていったのです。これにはまったく違和感がありませんでした。

「憲法を守れ」と言っていたすぐ後に、「選挙に行こうよ」というコールが始まりました。それぐらい連動する形で、ここまで壊されてしまった代表制民主主義というものを私たちが主権者として修復して、私たちの代表を議会の中でもう一回増やしてゆくようにしないと始まらないという意識につながっていったのです。

「本気の共闘」に取り組む「旗印」づくり

小池　そこから始まって、この間「市民連合」のみなさんと様々な取り組みをおこなってきましたが、最初の取り組みは2016年夏の参議院選挙でした。そこでは1回目ということで試行錯誤の手探り状態でしたが、なんとか32の一人区ですべて候補者を一本化して11の選挙区で勝ったというのは、最初の取り組みとしては大きな成果だったと思っています。

17年秋の総選挙では「希望の党」が突然出てきて苦労もしましたけれども、そのなかで立憲民主党という政党が生まれて、社民党とも短い期間で選挙協力の体制をつくることができました。あの時、共闘を破壊する動きがそのまま進んでいたら、改憲推進勢力による「二大政党化」が急速に進む危険がありました。そういう危機の瞬間に、日本共産党が市民連合の皆さんと協力し、共闘の旗を守り抜いて逆流を止めたことには大きな意味があったと思っています。

同時に、課題も見えてきたように思います。16年の参院選は、最初の取り組みでしたし、17年の総選挙は突発的なものだったので、一部を除いて共産党が候補者を一方的に降ろすという対応をとりました。これはそれぞれ、与えられた条件のもとでは適切なものでしたが、本来、選挙協力は相互的なもので、そうであってこそ力を発揮できます。この点で、私たちは沖縄のたたかいから大きな教訓を学ぶことができました。

なにより、保守の人たちを含めて心ひとつに団結してたたかったことです。沖縄県知事として最後まで信念を貫いた故・翁長雄志《おながたけし》さんは、沖縄の自民党の重鎮《じゅうちん》中の重鎮でした。僕もご一緒に街頭で訴えましたけれども、共産党の私と並んで身動《みじろ》ぎもせずに訴えていらっしゃいました。辺野古新基地建設を許さないという旗印が明確だったということもありますが、共産党を排除するなどということは一切ありませんでした。なんの躊躇《ためら》いもなく一緒にたたかったのです。そして、翁長さんが亡くなられた後の知事選では玉城《たまき》デニーさんを圧勝させることができました。

沖縄での経験を踏まえれば、今後の国政選挙での共闘の課題は明らかです。合言葉は「沖縄のようにたたかおう」です。

先ほど述べたようにこの間の共闘では、私たち共産党は一方的に候補者を降ろしてでも、共闘を成功させるということを最優先課題としてきました。けれども、今後の国政選挙では「相互推薦・相互支援」による「本気の共闘」がどうしても必要です。

さらに共通政策、すなわち共闘の「旗印」ですが、特に重要なのが、共闘の「一丁目一番地」である、「集団的自衛権行使容認の閣議決定撤回」「安保法制＝戦争法の廃止」によって立憲主義、民主主義をとりもどすことです。これをしっかり据えなければなりません。さらに、安倍9条改憲を許さないことや、原発ゼロの課題も合意にしてゆきたいと考えます。

また先ほど話題になった、欧米諸国でも共通のスローガンになっている「個人の尊厳」を基軸にしながら、社会保障や雇用のあり方を変え、差別の政治を乗り越えてゆくことも共通政策に具体化してゆく必要があります。

政権構想についても、〝選挙は一緒にやるけれども政権は別ですよ〟というのでは自民党政治を終わらせることができません。そこも前向きの合意をつくっていきたいと思っています。

野党共闘の現状と今後の課題

小池　中野さんはいまの野党共闘の現状と今後の課題をどのように見ていらっしゃいますか?

中野　この問題は言うのは簡単ですが、これまでも大変な道のりでした。けっして平坦なものではなくて、そのなかで挫折などもかなり重ねてきたと思います。おっしゃった通り、3年前の参議院選挙の時は、なんとかああいう形までもってゆくことができました。成果としてあったのは、自民党にとっては一番有利な厳しい一人区で候補者を一本化して、その内の三分の一を超えるところで勝つことができたということです。これを全体として見ると、今回改選になる六年前は沖縄と岩手（岩手選挙区で無所属で当選した平野達男氏はその後自民党に入党）以外のほぼ全部というようにあまりにも自民党が勝ちすぎているので、それに比べると、3年前の改選議席で一人区も含めて三分の一を野党側で取るということは「ギリギリの及第点」であったと思います。

ただ安倍政権というのは、私は「選挙独裁」という言い方をしていますが、勝ちさえすればいいということでハッキリしています。先ほど話題で出たように票数は伸びているわけではありませんけれども。

だから、彼らからすると勝利の方程式というのは極めて明確で、二つです。一つは、投票率を低いままにすることと、二つは、野党を分断するということです。だから、多くの人に政治にうんざりしてもらって、〝与党も野党もダメだ。もう政治なんかには期待しない〟と思ってもらうのが非常に重要なのです。これが一つ目の低投票率に繋がります。もう一つの野党に楔《くさび》をとにかく打つということは、〝共産党は危ない〟とか、〝民主党政権はひどかった〟だったり、〝希望の党だ、維新だ〟という形で新自由主義的なところを送り込んで分断する形になります。

それをどう乗り越えてゆくのかですが、野党が候補者を一本化するだけでは足りません。多くの人が政治にうんざりしたまま、説得力のある本気の共闘ができなければ、勝負になりません。勝負の形だけは出来ても勝つところまではゆきません。本当に勝つためには、いま政治を諦めている人たちがもう一回戻ってくるような、「本気」と「可能性」を示すことです。もう一度、自分もこれに希望を繋いでみようと思える形にまでもってゆかなければならないでしょう。ただ、まだそこまで届いていないことは、残念ながら受け止めなければいけないことです。

小池　多くの人は〝安倍さんはちょっといやだな〟と思ってはいても、〝まだ野党には委《まか》せられない〟と考えているということですね。

私はいま、中野さんが「希望」という言葉を使われましたが同感です。野党に政権を委《ゆだ》ねる希望をどれだけリアルな形で示してゆくことができるかが大きいですね。

中野　その部分をあざとく取ろうとしたのが、あえてネーミングを「希望の党」とした勢力です。この人たちは、野党が一致してオルタナティブ（既存のものに取ってかわる新しいもの）、自公に代わる選択肢を有権者に与えるという形になることはまずいということで、分断の楔として出てきたものでした。新自由主義的な「改革保守」の流れです。

このような流れは、いまも含めてその危険性は常につきまとってくると思います。それをどう乗り越えるかという課題も、相変わらず大きなものとしてあります。

逆に言うと、票が伸びているわけでもない安倍政権が、なぜここまで選挙に勝ち続け、だらだらと続くことになり、どうしてこんな酷いことが横行してしまっているのかは、やはり多くの人が政治を諦めてしまい、野党がバラバラだと思い込まされているからです。

これをなんとかして乗り越える道を模索してゆかなければなりません。

日本共産党の果たす役割と個性

小池　安倍政治はあまりに酷すぎるので、〝安倍さんでさえなければいい〟という方もおられるけれども、安倍政権でさえなければ良いということだけではダメだと思います。安倍政治を生み出し、６年も支えてきたのは自民・公明ですから、同罪です。加えて、いま中野さんがおっしゃった自民党政治の焼き直しのようなものではダメだと思っています。今までの自民党政治に変わる、新たな「旗印」を明確にする必要があります。

その点では日本共産党の頑張り時だと思っています。よく、政権を交代しても、９３年の細川連立政権も、０９年の民主党政権も、期待に応えなかったじゃないか、という質問をいただきます。しかし、今回との決定的な違いは、今度は日本共産党が共闘の一員に入っていることです。この共闘をさらに発展させて「本気の共闘」をおこなって、先ほど述べた共通政策を掲げて、政権を獲得すれば、これまでの歴代の自民党政治とはまったく違う新しい政治をつくれます。

そのためにも僕らも野党共闘の話し合いのなかで、日本共産党として言うべきことは言っていきたい。党ごとに「尖《とが》っている部分」をお互いに認め合いながら、一致点で力をあわせるのが、本来の共闘の姿だと思います。いまの自公連立のようにモノトーンの連立・共闘体制ではなくて、日本共産党も、立憲民主党も、国民民主党も、自由党も、社民党も、それぞれが個性を出し合い、その個性をたもちながら一致点で纏《まと》まるということに魅力があるのではないでしょうか。言うべきことは積極的に言いながら、一致点はしっかり確認して進んでゆく。そのような共闘に発展させたいのです。

個人の尊厳と十人十色の良さ

中野　私もその通りだと思います。結局、「立憲野党」と「自公維」を分けるものは何なのかを考えた時に、当たり前の話ではあるのですが、個人の尊厳だと思います。「自公維」側は、国威の発揚、国権をとにかく強くしようという「皇国日本」という思想の人から含めてですけれども、「日本を取り戻す」、あるいは「官民一体となって原発輸出だ、武器輸出だ」ということを思い描いている、新自由主義がかなり歪んだ形で、実際には企業主義という形になっているような政治経済のあり方をいまだに夢想し続けている人たちです。これに対して、「立憲野党」の側は、個人の尊厳を主張してゆく。ここがベースになると思います。だから立憲主義の回復を訴え、安保法制に反対する、なぜ戦争に反対するのかと言ったら、それはやはり個人の尊厳を踏みにじる最悪の形態というのが戦争であるわけだから、もちろんその過程で経済や生活を含めてどんどん尊厳が失われていってしまいます。それはいわゆる「働き方改革」だったり「人を国家への貢献度に従って選別し捨てる」ということがなされることは許してはならないということに繋がります。生活・経済面に至るまで、理念・哲学としては、その部分を共有しているということが大前提になります。

そのことを踏まえた時に、その答えは一つなのかと言えば、おそらくそうではないと思います。と言うより、一つでない方が良いのです。我々がなぜ共闘を訴えているのかと言えば、そこには政党関係が先にあるわけではありません。一つにするという意味では、私はそもそも小選挙区制には反対ですし、参議院選の地方一人区というものにもおかしいと思っています。それは二つの内、どっちかしか選ぶことができないというのはおかしいからです。

小池　そうそう、そうですよね。

中野　ここまで政権が暴走してしまってくるならば、緊急避難的に候補者を一本化する調整をやっていかねばなりませんが、これはどうにもならないのでやるというわけです。逆に言うと、立憲主義が回復でき、まともな当たり前の政治がおこなわれるようになったならば、政策の違いとか考え方の違いは、ちゃんと話し合いながら議会で決めてゆくことだと思います。

おっしゃる通り、同じ色に染まるという向こう側の、上意下達《じょういかたつ》、支配と服従というのは、こっちはやってはいけないことです。十人十色で良いと思います。

ただ共通の根っことしては、人びとが、誰もが、自分らしく暮らせる、そのための経済や社会をつくりださなければいけないというところです。ここが共通していれば、どの政策をどのスピードでどこまでやるかということは、完全に答えが全部出ている必要はありません。

今後の部分で、それをどれだけ一致できていけるかということですが、これは世界的に見ても、選挙協力や政権合意はもちろん当たり前におこなわれている事柄です。

私自身が参考として念頭に置いていることは、1997年にフランス社会党の第一書記リオネル・ジョスパンが連立で首相になっていた時に――大統領は保守政党・中道右派政党「国民運動連合」のシラクでした――、La Gauche plurielle「複数形の左派」というスローガンを使っていたことです。彼は〝この政権はもともと複数形なんだ。環境派もあれば、共産党も社会党もあって、それぞれの考え方も違いもある。だけど、我々は複数形として多様な形であるんだけれども、そのことは逆にある種の強み・魅力として訴えることができた〟と言っていました。

そのことがあったので、日本の野党の側＝「立憲野党」の側がもっている多様な魅力を発揮して、それぞれの政党が「角を落として無理に一致している」というものをつくる必要はないと思うのです。やはり、若干尖っているところがあり、うちの政党にとってはこれはとにかく譲れない部分だから、この点についてはもちろん相変わらず重要だと思っていると言っていけば良いのです。そして、それぞれが違ったところに支持層を広げてゆけば良いのです。

いまはなにしろ半分近くの人が棄権しています。そこの部分はお互いに食い込むところが違っていて当たり前だと思うので、そこにそれぞれが訴えてゆく。そのことをネガティブでなくてポジティブに捉える形の方に変えてゆくことが必要ではないでしょうか？

日本共産党への助言——みんなの行動参加を引き出すための可視化努力を

小池　われわれ日本共産党も「市民と野党の共闘」の時代に、新たな挑戦をおこなってきました。この対話の最後に、共産党へのご注文というか、〝こんな風にしたらいいのではないか〟というようなご意見はおありでしょうか？

中野　小池さんを含めて共産党の人ってみんなまじめなので、毎回、その質問を聞かれるんですよ（笑）。毎回、困るんですよね。注文がある政党は、そのような質問はしてくれませんが……（笑）。だから、ああだ、こうだというのは正直ないんですね。

共産党は、かなり考えて模索し、実行されてきていると思うので、そんなに簡単に外からは言えません。共産党は我がこととして主体的にどう何を守り、何を変えてゆくのかということに向き合ってこられていると思うので、そのプロセスを続けて下さいとしか言いようがないのです。非常に頼りにしています。

３年前の参議院選挙の時もそうでしたが、ましてや２０１７年１０月の総選挙の時のあの状況のなかで、あそこまで追い詰められて、一度は共闘が完全に崩壊したなかで、ああいう形でなんとか逆流をはね返すことができたというのは、この間の市民と野党の、とりわけ共産党との連携がなければ出来なかったですね。あのような状況で「希望の党」に合流しない人たちに対して、共産党が候補者を取り下げてくれるなんていうのは、これまでの信頼関係がなければ、そもそも出来なかったと思いますよ。

だけど、あの場であれだけのことをやってくれたことで、なんとかその後の流れをつくれました。まず「希望の党」を第一党にさせなかったし、その後の「立憲野党」の共闘体制というのを再び構築してゆく足がかりは残った。そのようなことで言えば、共産党が身を削ってでもあのような判断をしてくれたというのは、これまでの共闘ということが非常に大きな血肉となっていると思います。だから、そこに大きな希望があると思うのですよね。

その上で、何かということで言えば、共産党が本当ならばもっと議席を取るべきだと思います。それは明らかだと思います。選挙制度の歪みがあるのはもちろんなのですが、有権者にとって重要な政策課題や価値観とのマッチングで言えば、もっと共産党が支持を得ておかしくないのです。

それをじゃあ、どう乗り越えてゆくのかというのは、私にとってはとっても痛い問題でもあるわけなのですが、共産党ってやっぱり教師と似ていて、同じ嫌われ方をしていると思います（笑）。正しいことを偉そうに言っているように思われるというところがあるのですよね。もちろん、偉そうに言っているつもりはないんだけれども、それなりに学んで悩んで考え抜いて、〝これが正しいんじゃないか〟ということをある程度の自信を持って言っているので、それが鼻につくと言われるわけですね。

だから、（小池　つらいところです）　つらいところですよ。実際の社会では、〝正しいことを言っているだけに、絶対にきかない〟という層が一定程度生まれちゃうんですよね。それをどう乗り越えてゆくのかということですが、それでもどう伝えてゆくのかということが課題なのです。

一方で、ぶれずに、揺れない、根っこがしっかりしているという安定感は、非常に心強いことなのですから大切にしておいていただきたいのです。

ところが、はるかにデタラメな政党がもっと大きかったりするというのは、与党に止まらずあるという現実はいったい何なんだろうかと思うわけですよ。

そこはある種のドラマ性だったり、未完成なところをエネルギーに変えている部分があるんだと思います。それに比べると共産党は、ある種、ちゃんと整ってからでないと出てこないんですね。それは大事なことですが、もうちょっと発展途上感とか一緒に作ってゆくというものが可視化できるような仕組みややり方というものが、さらに出てくると良いのかなぁと思います。ただ、それはやられていないということじゃないと思うんです。

小池　「ＪＣＰサポーター制度」も始めましたし、インターネット番組もやっています。「とことん共産党」という番組には中野さんにもご出演いただきましたが、多彩な方々に出ていただいていて、様々なご意見をいただいています。

中野　ツイッターとかチラシなどでもずいぶん工夫をされているし、議員の方たちもいままでとタイプが違うなと感じる人も含めていて（笑）、それはやはり良いと思うんです。そのことでより多くの人たちを代表しているんだということが、色んな形で可視化されてゆくと、誤解だったり思い込みだったりする部分というのが崩れてくると思います。「顔が見える」と、〝なんだ意外と普通じゃん〟ということが多いじゃないですか。もともと普通なんだけどというのはあるのですが、その辺は引き続きそういった取り組みをやられるといいのかなぁと思います。

なんとなく周りの人から〝委せておいて良い、いるから大丈夫〟ということになってしまうのではなくて、〝応援しなくちゃ、一緒に動かなくちゃ〟というように、頼りない部分がある方が、なんとなく人は親しみを感じて積極的になってくれるのだと思います。

小泉純一郎さんの「郵政選挙」（2005年9月）の時が典型的にそうだったですけれども、「小泉に力を」みたいなものがありました。これは騙したものですからその意味では強く批判されるべきですが、より「参加型」になるような、〝あなたたちが必要なんだ〟というようなことが伝わった方が良いのかなという気がしました。

女性の政治参加のさらなる高みを目指します

小池　貴重なご意見ありがとうございました。中野さんをはじめ多くの方々からいただいているご助言を糧に、「市民と野党の共闘」で政治に希望を取り戻すよう、さらに努力を重ねてゆきたいと思います。

そのような努力の一つとして女性の政治参加を高め女性議員を増やしてゆくことがあると思います。私たち日本共産党は国会議員・地方議員の中での女性議員比率が他の政党よりも高いのですが、その到達に安住するのではなくて、もっと高いところを目指したいと考えています。

そのためにも女性の政治参加を阻んでいる様々な障害を取り除く努力も強め、真剣に解決する取り組みを進めたいと思います。

中野　そのためにも、日本共産党の国会議員数を増やすことが必要だと思います。やはり、いまいる方たちを見て、前回の総選挙で残念ながら当選しなかった人たちを見ても、そうとう多様だと感じています。面白い人がいるなと思うので、その個性的なものがもっとはっきり可視化できるようにするためにも勝っていただくことが重要だと思います。

小池　有り難うございました。今後もホンモノの「政治の希望」をつくるためにがんばります。

（本書で初発表）

保守と日本共産党との懸け橋

対話者

中島　岳志

（なかじま・たけし）　1975年生まれ。東京工業大学リベラルアーツ研究教育院教授。著書に『「リベラル保守」宣言』（新潮社）、『保守と大東亜戦争』（集英社新書）など。

日本共産党は、２０１３年１０月２９日からインターネット番組「生放送！　とことん共産党」の放送を始め、１８年末にはダイジェスト版の放送を含めると１００回を数えるまでになりました。この番組は、私・小池と朝岡晶子《あきこ》さんがＭＣ・司会を務め、学者、文化人の方々をはじめ多彩なゲストをお招きして、率直な対話を通じてゲストの方々のお考えや日本共産党の政策などを多くの方々にご覧いただこうと始めた新しい試みです。その方々のなかから今回は、１８年１０月１０日に政治学者の中島岳志・東京工業大学教授を迎え、「なぜ『保守』論客が『とことん共産党』に？」をテーマに語り合ったものを収録しました。収録にあたっては、より読みやすくするために整理・加筆を行っています。

日本共産党と本来の保守との接近

小池　中島先生と直接お会いするのは、実は今日が初めてなんです。

中島　そうなんですよね。

小池　2年前（2016年）の11月に、「プライムニュース」というBSフジの番組で、僕と西部邁《すすむ》先生と二人だけで出たことがあるのですが、なかなか面白かったんです。それから何日か経って、中島先生が東京新聞（同年11月29日付「論壇時評」）でそれをとりあげてくださり、西部先生と僕の二人の意見がほとんど一致していると書かれました。「保守と共産党。防衛論における齟齬《そご》が存在するものの、自公政権が親米・新自由主義へと傾斜する中、それに抵抗する両者の立ち位置は限りなく接近している」とのご評価です。

西部先生とはその番組の前にも、ご自身が顧問を務められている雑誌（『表現者』16年7月号）で対談していましたが、それもふまえて、全体としてそう見ていただいたのかなと思いました。

中島　そうなんです。僕の師匠にあたるのが、西部邁先生で、今年（2018年）亡くなってしまいました。

僕は、その雑誌の特集（「日本共産党とは何ものか」）が出る前、小池さんといっしょに西部先生がテレビにお出になる前に二人で会っているんです。その時に、西部先生が言うんですね。「中島君、今度の選挙のマニフェストで自分がどれを選ぶかで、どの政党に入れたらいいか分かるっていうの、あるだろう？」って。

インターネットで、自分でこの政策イエス、ノーって選んでいくと、どの政党に入れることになるかっていう。「あれやってみたことあるか」と言われたんです。「ありますよ」って答えたら、「どうなった?」ってニコニコしながらですね、先生が。

そこで僕が「たぶん同じだと思いますけど、共産党になるんですよね」って言ったら、「そうだろう。けど、中島くん。これは思想問題だぞ」と言われたんですよ。「われわれはちゃんと、保守という論理をかまえてものごとを考えていくと、いまの自民党ではなくて共産党の政策にぶつかる」と。そして、「これはいったい何なのかっていうのを真剣に考えてみることが重要だぞ」と。「何かイデオロギーで共産党だから嫌いだどうのこうのいうので巷《ちまた》はさわぐけれども、私たちはそういうことをやっていかないといけない」と言われたんですね。

そのあと先生は、雑誌の方に小池さんをお招きになってそんな議論をされた。

小池　そのようなお話があって、あの「論壇時評」を書かれたのですね。

中島　そうです。

その話をしたのは安倍政権以降なんですけれども、この20年、日本がいわゆる「新自由主義」あるいは「親米」というものをより深めていくなかで、やはり西部先生が考えているような保守という問題が、自民党からどんどんどんどんどん離れていく現象があったのだと思います。その問題をどう見るかと考えると、共産党をどう位置づけるのかという問題になったんだと思います。

アメリカファーストに追従していいのか

小池　あともうひとつは、あのＢＳ番組が放送されたのは、アメリカ大統領選挙でトランプ候補が勝利した翌日でした。だから、トランプ政権をどう見るか、トランプ新大統領をどう見るのかも話題になりました。

そこで僕が安倍政権の問題とも重ね合わせて、「いままで日本は対米従属でやってきたわけだけれども、『アメリカファースト』というトランプ政権ができたときに、そのアメリカファーストのトランプ政権に追従で行くんですか、最悪じゃないですか」という話をしたら、そこは完全に意気投合。西部先生と意見が一致したというのが、いま思えば感慨深いですね。

そのように政治や社会がなってくると、やはり自分の頭でものを考える、自立した外交戦略というのを持たないとダメですね。いままではアメリカのあとをおっかけて、尻尾に付いていったけれど、そのアメリカがどんどん変わって、アジアから引き揚げるような方向になりつつある。そんなときなのに、いまの日本の外交戦略には自立的なものがまったくない。それをどうしていくのかということが、本当に突きつけられますよね。

いまの政治の見取り図

中島　そのような政治を見る場合、僕は政治の見取り図を描いて考える必要があると思います。

政治というのはものすごく大きくわけると、二つの仕事をしています。一つは何かというと、お金の問題。（図を示しながら）これを図では縦軸にとっているのですけれども、みなさんから税金をとってそれを何に使うのかというお金の出し入れを巡ってのいろんな仕事が一つです。もう一つは横軸にとっている価値観をめぐる仕事です。

ただ、この一つ目のお金を巡っての仕事にも、この価値観が加わってきます。これには二つの考え方があって、図の下になりますが、リスクの個人化で基本的には自己責任論というものです。これは、あまり税金は取りません、その代わり、国はサービスもあまりしませんという考え方ですね。これを「リスクの個人化」と呼んでいます。逆に、「リスクの社会化」というのは、税金の取り方は色々ですが、一定程度しっかり取りますよという

政治の見取り図

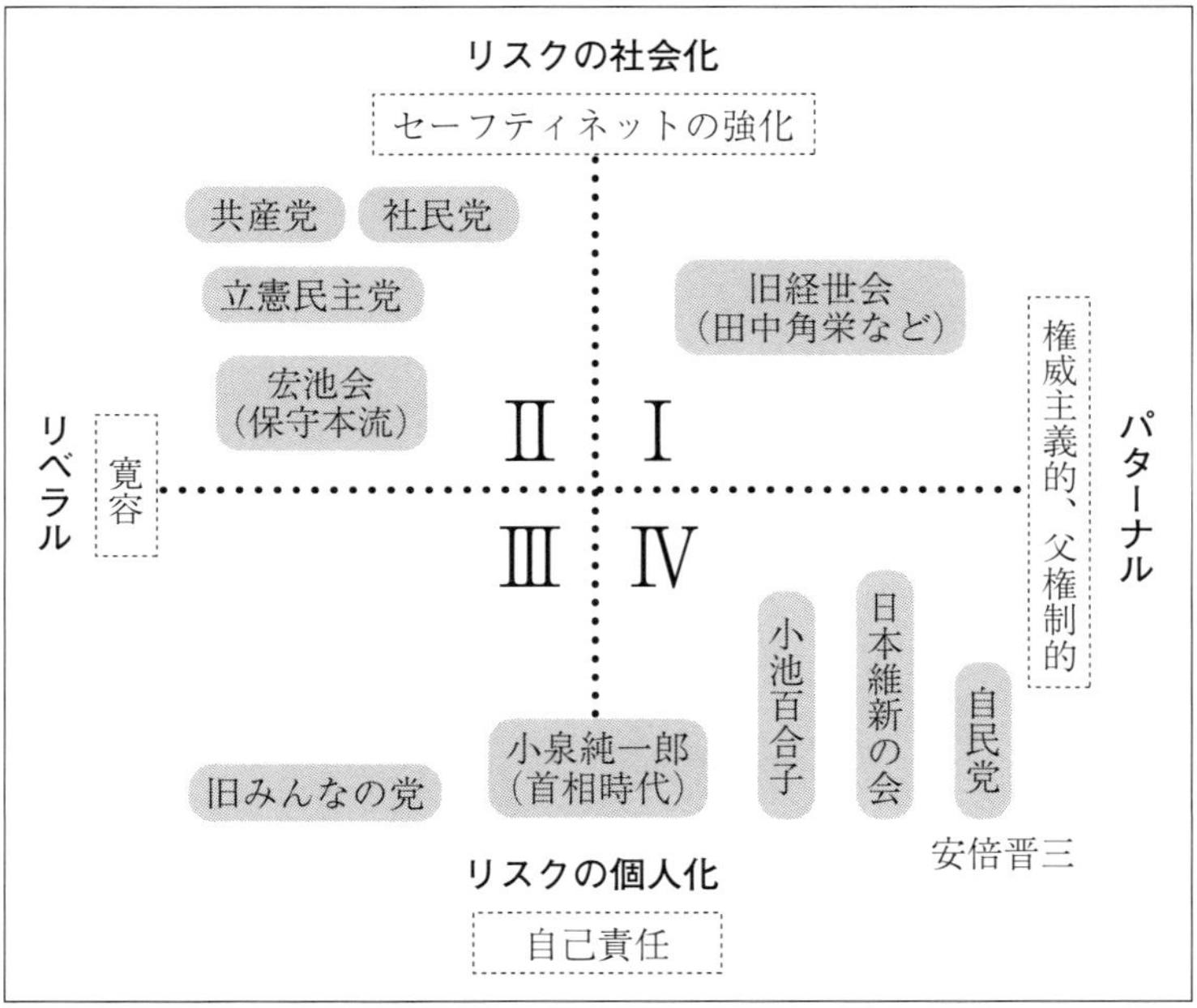

（出所）中島岳志『保守と立憲』（2018年、スタンド・ブックス）

ものでやはり多くの所得のある人からたくさんもらうという考え方になっていきます。その代わり、セーフティーネットを充実させて、何かがあったときには国家がちゃんとサポートする。ただ、この社会というのは、国や行政だけをいうのではなくて、市民社会みんなが重要という意味での社会です。

例えば、地震が起きた時には、国あるいは自治体だけでなくボランティアの人たちがザーッと行って、いろんな協力をする。つまり、いろんなリスクを社会のみんなで支えあいましょうという考え方です。これが、国家予算という形で、政府のお金の問題に関わってきます。

価値の問題のもう一つには、お金に還元できない選択的夫婦別姓の是非とか、ＬＧＢＴ（性的マイノリティ）の問題など、人の権利に関わることがあります。

このようなことはリベラルに関わる問題ですが、よくこのリベラルの反対が保守だといわれるのですけど、それは違うというのが僕の主張です。リベラルの反対語は、パターナルという概念なんですね。リベラルというのは元々、ヨーロッパで近代的な思想として生まれてきた寛容という意味でした。日本でいえばちょうど江戸時代の最初ぐらいの頃に「３０年戦争」という、カソリックとプロテスタントのキリスト教内部での価値観をめぐる争いがありました。その結果、もう泥沼でどうしようもないというところまでいって、こういう価値観の問題で戦争するのはやめておきましょう、自分と違う人間がいるということに対しては寛容になりましょうとなった。これがリベラルの起源なんですよね。

それに対してパターナルというのは、介入主義といいますか、あるいは父権的といいますか、黙っていうことを聞けという、力を持っている人間の価値に合わせろという形で、個人の価値のレベルに権力的なものが介入してくるという考え方です。「夫婦別姓はダメだ。同姓にしろ」とかいうのがパターナルです。

このような軸で分けていくと、政治というのが見やすくなってくるのじゃないかと思います。

小池　「リスクの社会化」と「リスクの個人化」というのは、「大きな政府」、「小さな政府」というのとは、また違うのですか。

中島　まあ、基本的には「リスクの個人化」が「小さな政府」で、「リスクの社会化」が「大きな政府」ということになっていくのですが、「小さな政府」と「大きな政府」のそれぞれにも弊害があるので、それを市民社会という大きな土俵のなかで解決してゆくという位置づけになります。だから、「リスクの社会化」と表現するのは、政府の問題だけではないという意味での用語なのです。

小池　なるほど。

中島　もともと自民党がどういう政党だったかというと、「リスクの社会化」という、この図でいえば上の方にいたと思います。基本的には、配分はしますと言っていた。しかし、その方法がすごく不透明で不公正な再配分でした。あの田中角栄さんを思い浮かべると分かると思いますが、自分のところの新潟県にドンと土建会社を通じてお金をばらまく。その代わり俺の選挙は支持してくれよと、こういう関係性が成り立っていたんですね。業界団体とかいろんなものがぶらさがっていて……。

小池　族議員とかですね。

中島　それが、小泉内閣、小泉純一郎さんの頃、あるいはもうちょっと前の橋本龍太郎さんの行革あたり、９０年代の終わり頃から、自民党全体がリスクの個人化、図でいえば下に下がってきたのです。政治改革とは言ってましたが、この配分までやめていくという方向にいってしまった。新自由主義といわれるゾーンに移った。ただ、それでも「小さな政府」だけれども、価値の問題については一応リベラルでやっていくというものでした。

それがいま、安倍内閣になって、ＬＧＢＴの人たちの権利の問題などにも積極的ではないように、価値観の問題についてもすごくパターナルになった。「ＬＧＢＴは生産性がない」という杉田水脈《みお》議員のような発言が出てきても、それをあまり強くは非難しない。だから、いまの安倍内閣は「Ⅳのゾーン」＝ネオコンといわれるゾーンだと思います。

これに対して野党はどう向き合っていったらいいのかということですが、（図を指しながら）たぶんここ、一番左上（70ページ参照）ですね。

日本共産党との出会いは？

小池　「Ⅳのゾーン」とは対角線上ですね、この「Ⅱのゾーン」。ここが非常に重要だと、図を見た瞬間に思いました。

中島　そうなんです。そこに日本共産党は位置しています。おそらく、この番組を見てくださっていてどちらかというと自分は保守だと思われている方には、こういう意見があると思います。「共産党をそこに位置付けるのはおかしい」と。

なぜなら、日本共産党自身はもちろん否定的に見ていますが、例えばスターリンとか毛沢東、いまの北朝鮮の政治を見ていると、きわめてパターナルで非常に権威主義的です。だから、共産党はこの「Ⅱのゾーン」ではなくて「Ⅰのゾーン」じゃないのかと見てしまいがちです。

たしかに大きな政府というのが行き過ぎると、ある種の国家統制というのが強まる傾向があって、20世紀には、掲げている理念はリベラルだけれども、やっている政治は極めてパターナルというものが、この時代の「共産主義諸国」が示したひとつの悪い形でした。

だからこそ、日本共産党がこれをどう考えるのかが結構重要なポイントで、そのことの如何《いかん》ではこの「Ⅱのゾーン」で本当に野党共闘という形で一緒にやっていけるのかと問われると思います。

それに現在の政策ではどうかというと、僕はいまは東京の大学に勤めていますが、２年少々前まで、２００６年から約１０年間北海道大学にいました。それで北海道のいろんな方、農協の方とか農業関係者の方とお話しすることがすごく多かった。当然、ＴＰＰの問題は農家の人たちにとっては非常に不安になるものでしたからよく話題になりました。それにオーストラリアとのＦＴＡの問題もありましたしね。

北海道って、一方で革新といわれますけれど、実は保守のとくに自民党の有力議員もたくさん輩出《はいしゅつ》してきたわけです。町村信孝《のぶたか》さんとか武部勤《つとむ》さん、鈴木宗男《むねお》さんらです。

私が保守系の人たちが集まる会合などに出ると、「自分はずっと自民党に入れてきた。だから保守だと思ってきた。ところがＴＰＰの問題が出てきて、どう考えても自民党の言ってることに納得がいかない。よくよく自分たちの言いたいことを言ってくれているのは共産党だ」と話して、「これは小さな声でしか言えないんだけども、先生はどうなんだ」

と、僕に聞くわけです。

それで「いや、僕もおんなじですよ」って話をしていたんですね。そういう農業関係者、つまり日本の地場を支えている農家の人やあるいは中小企業の人たちを守れというのが、本来保守が強く主張すべきことでした。それが、いまは共産党が非常に強く主張している。そこが、僕が共産党の問題を考えないといけないと考え始めた一番の最初でした。

保守とは何か

小池　先生の言う保守というのは、どういう概念なんでしょうか。

中島　そうですね、保守ということは、ちゃんと定義をしないとばらけていってしまう概念なんです。政治とか思想で使う保守というのは、ある種の起源っていうか、根っこがあります。それは、フランス革命（18世紀末）があった時に、エドマンド・バークというイギリスの政治家が〝フランス革命はちょっとおかしいぞ〟と考えた。そこに根っこがあって近代保守思想というものが生まれています。

バークは何を批判したのかというと、フランス革命を進めた人たちの人間観でした。この人たちが持っていた啓蒙思想は、人間の理性というのは無謬《むびゅう》で間違いのないものだとするけれども、そこが誤りだというのです。計画した通りに革命をやり、それに従って何かをやっていけば進歩した社会を作れるぞと思っているが、しかし、自分たち人類がずっと体験してきた歴史のなかで得てきた人間観というのは、人間の理性というのにはほころびがあり、どんなにＩＱが高い人間でも間違えたり、世界をすべて正しく把握したり認識することができないというわけです。そして、誤謬の方にこそ本質があるんじゃないかと主張したのです。

とすると、人間の秀でた理性によって進歩した社会を作るというよりは、人間はやはり不完全であり、その社会もやはり不完全であるから、人間の理性を超えたところにある叡《えい》智《ち》みたいなものに依拠した方がいいんじゃないか。

それは何かというと、無名の多くの庶民たちが築いてきた良識とか、集合的な経験値――年上の人にそんなことをするもんじゃないとかいう暗黙知のようなもので、伝統や慣習として表現されたりするわけですけれども――、そういうものに依拠しながら世の中は変わっていく、徐々に徐々に変えていく漸進的なグラジュアルな改革ということになります。

一気に変えるという考えには、どうしてもその理性に対するおごり、高ぶりが含まれるから、丁寧に丁寧に歴史と呼応しながら変えていく――reserve to conserve という言い方をしたんですね――、保守するための改革が大切だと述べて、そのためには、叡智というのが大切ですよと説いた。これが保守の考え方なんですよね。

こういうことを保守と定義した時に、僕はリベラルという概念ととっても相性が良いと思うし、少なくとも保守の人間の大半は、自分たちはリベラルだと考えてきました。なぜならば、人間は間違いやすくパーフェクトではないし、当然自分もそうだよと考えるからです。自己に対する非常な懐疑的なまなざしを自分に向ける。そうすると、自分がいま正しいと思って議論しているその内容にも、もしかすると間違えているものがあるかもしれない。何らかの視点が足りないかもしれない。そうすると、自分と違ったことを主張している人の意見に耳を傾けようとなるんですね。

そうした時に、なるほどと、彼らは少数派だけれども、しかし言っていることに理があるなとなる。ここで合意形成をして、一歩でも前に近づけていくという、これが保守の態度ですね。

叡智の結晶を嫌悪する安倍政治

小池　僕も今の先生の話を聞いて、ほとんど違和感はありません。その通りだなと思います。

その一方で考えると、安倍政治というのは、先生の言われた保守の考え方と対極にありますね。自分の言っていることは正しい。首相は行政府の長なのに自分は「立法府の長だ」とまで言って、選挙で勝てば何をやってもいいんだと言う。大阪の橋下徹さんとも通じると思いますが、やはり無謬性というか全能的というか、そういう立場に立っているんですね。それは保守という概念とは対極にあります。

中島　むしろ、非常に悪い20世紀の悪いタイプの「革新」なんですよ。まさにスターリンに現れたような、「正しさ」を所有してそのためにならない人間は粛清していくのみで、多様な意見は聞かないというものです。これが保守がたたかってきた「仮想敵」でした。だから自分たちはリベラルだ、自由というものを擁護するんだというのが、冷戦期の保守の矜持《きょうじ》でした。

小池　例えば、安倍首相の憲法解釈にしても、長年自民党が積み重ねてきた憲法9条の下で集団的自衛権は行使できないということを、一夜にしてひっくり返してしまった。

しかし、9条の土台にあるのは、あの戦争で亡くなられていった多くの犠牲者、その死者の叡智です。最初に話した西部さんたちとの座談会でも僕は、〝我々の政治は死者の叡智も含めてしっかり受け継ぐものでなければいけない〟と話しましたが、9条は死者の叡智の結晶のような条文だと思います。そういったことも全面的に破壊し、否定し、嫌悪するのが安倍政治じゃないかなと感じます。

日本国憲法のすごさ——短さにある叡智

中島　そうですよね。関連していくつか申し上げたいことがあります。

一つは、日本の憲法というのは、実はすごく短いということです。僕はインドの研究もやってきましたが、インドの憲法ってすごく長い。こと細かくいろんなことが書いてあり、日本の憲法の5〜6倍はあります。

日本の憲法の短さがどういうことに依拠しているかというと、英米法、とくにイギリスの影響が非常に大きいと思います。書かなくても合意していることはあるという前提です。暗黙知というのでしょうか、憲法は単に文言だけで成り立っているものでなくて、その文言をめぐる長年の慣習とか、あるいは解釈の体系とか、先人たちがすごく長年時間をかけて積み重ねてきたものが前提になっている。そういうものを含めてできているから、例えば安倍首相がおこなった内閣法制局長官の人事（＊1）というのが大きな問題になりました。

日本の場合は最高裁判所が、なかなか憲法判断をしないという体制になっているので、実質的には憲法の番人は内閣法制局になります。だから、この長官の任命権は内閣のトップである総理大臣にありますが、憲法によって権力を縛っているのであまり自分の考え方に近い人を選ぶことはできません。だから、そこの長官には自分の言ってほしいこと、やってくれる人を選ぶということはやめましょうとは、書いてはいないけれども、やるべきではないと慣習としてそこに付与されてきたのです。

小池　だから、ずっと内閣法制局の長官は内閣法制局のなかで、他の省庁などから切り離されてきた人事体系のなかで選んできました。

中島　そうです。そんなことはするもんじゃないという暗黙知によって支えられてきて、自民党の人たちも一応それを守ってきたのです。けれども、そういうものを破壊したのですよ、安倍首相は。２０１７年秋に臨時国会を開かないとかいう問題（＊２）もそうでした。憲法５３条で国会議員の４分の１が求めれば臨時国会は開かねばいけないのに、屁理屈ばかりで開かなかった。

小池　いつまでに開かねばならないとは書いていないからと。

中島　あれも憲法は短いものですから、何日以内に開けということは書いてはいませんが、慣習で大体このくらいでちゃんと開いていくということになってきました。それを書いていないからやらないと言って、憲法をめぐる慣習を守らない。そんな自分勝手なことをしたら保守という資格がどこにあるかということになるんです。

小池　憲法9条に自衛隊は書いていないじゃないですか。そこに安倍さんは書こうと言う。僕らは自衛隊は違憲だという立場ですが、合憲だと考えている人にとってみても、それはおかしいと感じる人は多いのではないでしょうか。書いていないことによって、憲法と自衛隊の間の緊張関係というのがある訳ですよ。自衛隊を書いていないからこそ、好き勝手にはさせないという力が働いてきた。そういう意味での一定の制約というのが、僕は戦後の日本で海外での戦争に出ていかなかったということの土台になっていると思います。これを書くことによって全部ひっくり返すということを安倍さんはやろうとしている。

＊1　**安倍首相が強行した内閣法制局長官人事**　2013年8月、集団的自衛権容認に反対していた内閣法制局長官の代わりに、見直し派の外務省小松一郎元外務省国際法局長を起用した。

＊2　**安倍政権の2017年の臨時国会開催要求拒否**　森友・加計学園問題の真相解明を求めて野党が憲法53条に基づいて臨時国会の開催を求めたのに対し、安倍内閣は3カ月応じず、9月には衆院を解散するためだけに臨時国会を召集し、首相の所信表明演

説もせずに冒頭解散した。

保守と日本共産党の懸け橋――二段階あるいは二重性論

中島　この問題から考えても、僕は保守と共産党の懸け橋の重要なポイントとして「二段階論」があると思います。例えば共産党はいま暫定的に自衛隊は認めると言っています。同時に、憲法上で軍隊を否定しているのですからめざすべき方向はそちらだとも。それに自分たちに政権がもし回ってきたときにも自衛隊をすぐに否定することはありませんよ、国民の合意でという二段階の論を取っていると思います。

これは保守の人間が考える世界的なある種の像に近いと思っています。これを考える時に、僕はカントという人のことをいつも説明します。カントは〝理念というものは二重になっている〟――統整的理念と構成的理念とちょっと難しい言葉を使っているんですけれど――と言っています。要するに統整的理念というのは、例えば絶対平和のような人類がそう簡単には手にすることができない、非常に強い指標のようなものですけれども、これを掲げると、世の中では「お花畑」とか、現実性がないみたいに言われてしまう。だけどカントは、この統整的理念というものがないと、一個一個の具体的な構成的なマニフェストのようなものは成立しないと言っているんですね。

オバマさんが核兵器を廃絶すると言ったのは統整的理念です。そう簡単ではない。本当に自分が生きている間にできるかと言われると僕も自信がまったくない。だからと言って、そういう統整的理念は「お花畑」だという話になるかというと違って、これを掲げるがゆえに、それに向けて一歩踏み出そうとなって、オバマさんは広島に行った。あるいは核をいま100あるのを70にしようというように、一歩一歩漸進的に進むことで一歩が踏み込める。つまり向こう側にある一つの北極点みたいなものをめざしながら、一歩を踏み出していく、これが理念の二重性論なのです。

小池　共産党が示しているのが、統整的理念だと。

中島　そうなんです。軍隊のない社会というのは、もちろん保守だってそうであった方がいいですよ。だけど、それは統整的理念だと思います。だから具体的にはいろんな問題があって軍が存在しているけれども、それに縛りをかけながら、いかに戦争をやらない状況を叡智によって保っていくのかということが重要になるんです。

小池　ということは、統整的理念を共産党が示し続けることには大きな意味があるということですね。

中島　はい。それは、保守にとっても同じです。僕がたいへん尊敬してきた、例えば戦後保守を支えてきた福田恆存《つねあり》さんは、現実主義的な平和論を議論していて、どちらかというと空想的平和主義と言われた人に冷水をかけた人と思われています。しかし、福田さんが言っているのは、自分が絶対平和というのはあり得ないと主張するその背後には、絶対平和というゆるぎない観念があるとも言っているのです。この関係性というものがすごく重要です。

僕がもう一人すごく尊敬しているのが高坂正堯《こうさかまさたか》先生で、戦後の現実主義的な国際政治学者としてすごく有名な方ですけれども、高坂先生も憲法9条を徹底的に否定したわけではないんですね。理念と現実というものの、ある種の交互関係という豊かなディスカッションのようなものがないといけないと述べている。どちらかだけだと弊害が起きるから、この二つがちゃんと生き生きとした対応をするべきで、それが現実的な政治であると言っています。

そうすると、憲法9条を具体的にどういじるかとか変えないとかいう技術的問題はさておき、日本はやっぱり絶対平和をめざすんだという統整的理念を掲げたうえで、自衛隊をどう考えるかという二段構えが必要だと思います。

小池　いま先生が言われたアプローチは、僕らが考えているものともかなり一致すると思います。憲法9条が掲げた理念は、やはり死者の叡智だと思います。二度と再び戦争をしない、軍隊のない世界というあの当時掲げた理念は、すごく大事なことだと思っています。その平和の理念を変えないということは当然のことですが、日本共産党が政権に入ればその瞬間に長年積み重ねられてきた憲法解釈がガラッと変わるということはありません。

憲法解釈というのは国民の合意のうえに成り立つものだから、自衛隊についても違憲であるという国民的な合意がないところでは、〝共産党が政権に入ったから、今日から違憲です〟というようなことはできるわけのない話です。ひとつひとつ、国民の合意を積み重ねながら、あるべき姿に変えていこうというのが僕らの考えです。

いったん乗っちゃったらという誤解

中島　いまのはとても重要ですね。かつての「非常に悪いタイプの共産主義」というのには、革命によって一気に変えていこうというものがあった。それにたいして保守は警戒してきたというのがあると思います。しかし、日本共産党がいまとっているスタンスはそうじゃないんですね。これまでのずーっと積み重ねてきた死者の叡智を継承しながら、グラジュアル（段階的）にどのように自分たちの理想に近づけていくのかを模索しようというタイプなのですね。この考えは、かつて20世紀に猛威をふるった「共産主義」の大きな問題と、その反省のうえに立っているのですか。

小池　僕らは、すべての段階で、国民の合意が前提になり、どんな段階に進む場合でも、選挙によって、多数者の支持を得なければいけないと考えています。「多数者革命」という言い方をしていますけれども、それによって改革を進めていくんだと。そこで、もしその改革が批判されれば政権は交代する、戻ることだってあり得ると考えています。そういう形で一歩ずつ進んでいこうというのが日本共産党の示している方向です。これは戦後に獲得してきた民主主義の土台の上に、僕らは新たな社会をつくっていこうというもので、そこも先生のおっしゃった通りです。

中島　そこに対する警戒と誤解というものがたぶん共産党アレルギーというのに……。

小池　「いったん乗っちゃったら名古屋までのぞみが連れて行く」というような、そういう誤解ですね。僕らは一歩ずつと考えていますが、そういう誤解はありますね。

安倍政権の憲法9条改正案は最悪のパターン

小池　将来への進み方でも先生と一致することが多かったのですが、現在の問題でも多いように思います。

中島　はい、いま安倍政権が出している憲法9条改正案というのは、僕は最悪のパターンだと思っています。これをやってしまうと際限なくなっちゃうんですよ。つまり安保法制によって集団的自衛権を認めましたとなっていますが、これは実質的には閣議で決定するのですから為政者が決めるということになってしまいます。そこでは「国民の生命、自由及び幸福追求の権利が根底から覆される明白な危険がある」場合にはこれを行使するって書いていますけれども、「明白な危険」というワードが問題です。

このようなワードは政治学的な定義ができない、常に為政者の主観に依拠するという言葉なんです。つまり自分が危険であると、敵国側が攻めてくる、ミサイルも準備をしていると、それが日本の安全保障上の、あるいは幸福追求の権利を侵すような明白な危険であると思ったら、敵地への先制攻撃とか集団的自衛権の理屈がついいちゃったりするのです。この中核となるべきところが定義できない以上、主観に依拠している以上、なんでもできるんですよ。

その上に、安倍政権の憲法9条改正案というのは、それをやれる軍隊を憲法によって認めますよっていう話になっている。こんなに為政者がなんでもできるようになる改悪はないでしょう。憲法は権力を縛るためにあるわけですから、最悪の形になります。

立憲主義と民主主義

中島　憲法は権力を縛るものという話になりましたので、関連して立憲と民主という概念の話をさせてもらおうと思います。

この二つの概念は、原理的にはぶつかるところがあります。これを安倍さんや橋下徹さんは逆手にとった。彼らは、〝自分たちは選挙で当選したんだ。しかも過半数ないしは3分の2をとったんですよ。これは民意ですよね。だから僕たちがやることは民意なんです〟っていう言い方をして、いろんなことを強引にやっていくわけですね。

しかも橋下徹さんは、それに対していろんな批判や制約があると、〝あんたたちは民主主義を知らないのか。僕は民主的に選ばれた知事だよ。民意を得ているんだよ〟と言ったりするわけです。

けれども立憲主義という考え方がどういうものかというと、〝いくら多数派によって支持された、民主制によって支持されたものでも、やってはならないことがあります〟という縛りなのです。〝多数から支持されても人権は侵してはいけませんよ。表現の自由は侵してはいけませんよ。議会はちゃんとルールにもとづいてやってくださいね〟というものです。

それを示しているのが憲法ですが、では憲法の主体というのは、いったい誰かというと、やっぱり死者なんですよ。多くのその死者たちが、これまでいろいろな失敗を重ねてきて、その結果としてこういうことをやるとまずいよっていう経験値にもとづいて、いろんな未来に対して投げかけているのです。

これに対して民主制というのは生者の多数決というものです。立憲はそれに対して死者からこの歯止めをかけているという構造になっているのではないでしょうか。

とすると、死者の叡智を重要視してきた保守というのは、やはり立憲という考え方をたいへん重要視しないといけない。そして民主は、その立憲に制約されるという考え方が重要になります。

ところが、保守であるはずの自民党がこれをほとんど守らず、立憲民主党や日本共産党が立憲主義を重視しているという配置になってきています。

日本共産党は変わってきた

中島　そこでこの配置による闘いをどう進めていくのかが次の問題になってきます。

僕は先ほどからお話ししているように、自分は保守だと思って政策を考えてきましたが、そうすると、日本共産党が出している政策というのがそれに非常に近いことに気づきました。西部先生とその話をしたと言いましたが、そこでの「発想の逆転」が必要なのです。

つまり、旧民主党の人たち、立憲民主党および国民民主党の人たちのなかには、共産党と野党共闘すると、政策が左傾化して国民からの支持を失うとよく話したりしていますが、よく考えたら違うんじゃないかっていうことなんですね。

むしろ日本共産党の政策に寄せていくというか、それと呼応することによって、実際にはきわめて保守的な要素というのが含まれてくる。だから、共産党に近づくことは、なにも左傾化という問題ではなくて、政策レベルでいうと、きわめてまっとうな保守の道に近づいていくことじゃないかということなんですね。

小池　野党共闘で共同候補をつくろうと議論をする時に、必ずといっていいほど出てくるのは、〝共産党と組んじゃうと保守の票が逃げるから、あんまり前に出てこないでくれ〟とか、〝静かに候補者だけ降ろしてくればいい〟みたいな話でした。

しかし、保守の人が逃げると言うけれど、現実には、保守の重鎮のような方が〝日本共産党の政策がいい〟と言ってくださることが増えています。こうした方々は、「逃げる」どころか、逆に日本共産党と組むことによって保守の票が集まると考えてくださるようになっています。

中島　というように、それぞれが努力していくべきだと思いますね。僕も自分が保守だと思っていて、日本共産党にはずっと偏見をもっていて、正直言うと、投票では一回も入れたことがないですよ。そこにはなんというのかな、自分を保守と考えてきたこととのズレっていうんでしょうか、それがありました。それにどうしても「20世紀の共産主義」っていう残像が自分の中にあったりするので、「大丈夫かな?」っていう思いがあったりするわけですね。

けれども、やっぱり、共産党が変わってきたと思うんですよ。そうなってくるまでは野党共闘なんて考えられなかった。北海道でいろいろと政治の人たちとかかわっているときにも、どうしても共産党が出るから票が割れて自民党が勝つというのが続いていると思っていて、共産党に対しては自分の心の中では「一緒に手を結べればいいのに」程度にしか考えていませんでした。それがいま反転して、自分たちの方から「一緒に手を結ぼう」となっているわけですよね。

共産党のなかでもいろんな議論があって、踏み超えている問題があるし、綱領なんか見ていても、その解釈変更とかを含めて、ご努力があるんですよね。そこを見ていくと、僕自身も、これは素直に認めないといけないと思ってこのようなアプローチを始めています。たぶん、多くの人もそうだと思うんですよね。

小池　僕らの転機は、やはり安保法制です。立憲主義を根底から破壊するような政治を目の当たりにして広がった市民運動の「野党は共闘」という声を前に、政党としての責任として、この市民の声に、応えなければいけないと考えました。

政策以前の問題として、憲政の根本を否定するような、いままでの自民党政権にはなかった安倍政権の異常な暴走に対して、政策の違いはもちろんあるんだけれどもそこは越えて、一致して安倍政権を倒さなければいけないっていうことですよね。そこは、いまも変わらないですよ、まったく。

実は昨日（10月9日）、翁長雄志《おながたけし》さんの県民葬に行ってきました。これね（翁長さんの写真を見せながら）、参列のみなさんに配られたのですが、すごくいい笑顔で……。「翁長雄志語録」というのがあって（沖縄タイムス社刊『沖縄県知事　翁長雄志の「言葉」』を見せながら）、そこに「自国民に自由と人権、民主主義という価値観を保障できない国が、世界の国々とその価値観を共有できるでしょうか。日米安保体制、日米同盟というものは、もっと品格のある、世界に冠たる誇れるものであってほしいと思っています」（2015年5月17日、県民大会あいさつ）とありました。

僕たちは安保廃棄の立場ではあるけれども、翁長さんの、このイデオロギーよりアイデンティティーという誇りを、失わせるような政治でいいのかというところは、ほんとうに共通する思いがありました。翁長さんのいう「魂の飢餓感」が、沖縄県民にあると思いますね。

命と生活を奪われたうえ、差別によって、尊厳と誇りを傷つけられた人々の、心からの叫びという、この思いが、やはり沖縄の県民の心を動かしたし、今度の県知事選挙で玉城デニーさんを圧勝させた力もここにありますよね。

「魂の飢餓」を踏みにじる安倍政権

中島　かつて翁長さんは、那覇の市長でした。沖縄の自民党の重鎮だった。

小池　県議会の自民党幹事長、県連幹事長ですからね。お父さんも有力な保守の政治家でした。

中島　かつ、元県知事の稲嶺恵一《けいいち》さんとかも、非常に近かった。この方々には、やはり一定の信頼感がありましたよね。９０年代ぐらいには自民党の政治家に対する信頼があった。よく言われるのは野中広務《ひろむ》さんですけれども、小渕恵三さんとか橋本龍太郎さんも、沖縄のそういう魂に寄り添っていました。特に、野中さんは非常にその点が強かったですね。

そういうところからの信頼関係で翁長さんはいろいろ進めてきたけれども、やっぱり安倍内閣は違うという感想を非常に強く持っていらっしゃった。ご著書で書いていらっしゃいますが、２０１３年に安倍内閣の周りの人たちが「主権回復の日」を定めるときにサンフランシスコ平和条約を重視して、これを「日本の独立の日」にしようと運動をやりましたが、翁長さんは〝何なんだと。沖縄はどうなるんだ〟って怒っています。

小池　主権回復の日の式典もやりましたからね。

中島　天皇陛下を招いてやりました。けれども、沖縄は主権を回復していないわけですから。

小池　そうですね。

中島　７０年代になって沖縄は日本に返還されるのですが、色々なものをおしつけられてきました。そういうようなものが辺野古の問題などにずうっと繫がってきて、そして、あの「魂の飢餓感」という問題に繫がっているんです。

小池　昨日の県民葬には私も参列しました。ニュースでも報道されていますけれども、そこで菅官房長官が弔辞を読みました。始まる前に〝今日は葬儀ですからヤジや拍手は慎んでください〟というアナウンスがありましたから、菅さんの弔辞が始まって、最初はみんながシーンとして聞いていたのですが、さすがに「基地負担の軽減へ向けて一つ一つ確実に結果を出してまいります」と言った時に、誰かが「嘘つき！」と言った。そしたら、もう、本当に四方八方から、ワーッとね。で、「沖縄の人々の気持ちにこれからも寄り添ってまいります」には、もう、ふざけんなみたいな感じで、騒然となりました。

みんなこういう場だから、静かに翁長さんを送ろうと思って参加していただろうと思うのですが、もう我慢ならんという気持ちですね。この気持ちを僕は受け留めなければいけないと思いました。菅さんはあれを聞いてどう思ったのでしょうか。真摯《しんし》に受け留めると言いながら、それでも「辺野古が唯一の選択肢」と言うのだから、真摯に受け留めるというのは、右から左に聞き流すというくらいのものなのでしょうね。

どのように決まるのかが見えるといい

小池　あのー、保守の立場の人たちの中には〝共産党はちょっと〟というのがあると思いますし、先生は共産党に投票されたことはないとのことでした。中島先生から見て、ここをこうしたら、もっと〝共産党アレルギー〟は乗り越えられるんじゃないかというところをお話しいただけませんか。

中島　僕も含めてですけれど外から見ていると、いわゆる民主集中制という問題がありますよね。党内の決定っていうものについて、保守の人間がどういうところに警戒心を持つのかというと、一枚岩というものなのです。つまり、多様な意見が出てきていろんな形で議論がなされているという場面が見えると、極めて安心感につながるっていうところがあるのです。

いま自民党はそれが見えないから、みんなが「おい、これ大丈夫か」という感じに見えています。多分、公明党とか共産党には、それと同じように見えているところがあるんじゃないでしょうか。

もちろん、理屈としては民主集中制というのは、みんなで話し合い、決まればちゃんとみんなで協力して従っていくということです。それが共産党の考えなのですが、それが先ほどのパターナルに見えるわけですね。ここのところを払拭《ふっしょく》しないと、なかなかあの「共産主義の問題」というのがちらついちゃうというのがあると思います。小池さん、その辺をどう考えますか。

小池　政党の基本的なあり方としては、やはり徹底的に議論はするけれども、方針を決めたらそこに結束してというのは、色々と形は違ったとしても、どんな政党でも基本的にはそういう組織原則でやっているんじゃないでしょうか。共産党の場合、徹底的に議論するという過程が、外から見てよく見えないというご指摘を受けることがあります。

でも、かなり色々と議論をやっているんですよ、実は。例えば国会議員団では、いろんな法案に対する態度をどうするかと日常的に議論しています。それこそ、安保法制みたいなものは衆目の一致で反対となります。けれども、法案というものはいろんなものがあるわけです。例えば生命科学に関する倫理、生命倫理に関する問題などは、色々と意見が出ます。そういう時にはかなり侃々諤々《かんかんがくがく》たる議論をしています。ただ、そういう議論を外でペラペラしゃべったりはしませんから、見えないというのがあるかもしれませんね。

中島　そうですね、そこがもう少し見えるような形というか、党幹部がそれをどういうふうに選ぶのかが見えるといいですね。そういうところが見えれば、みんなもう少し安心するのではないかと思いますね。

小池　党幹部の人事などは党大会で全員秘密投票の無記名での投票でやっていますし、こういう「とことん共産党」などのネット番組なども僕らの新たな試みです。今日は中島先生ですが、ほかの回でもゲストの方にいろいろと率直な意見を言っていただいて、それに対してお答えしていくようにいろいろな努力をしようと考えています。

中島　僕がこの番組に出てるってこと自体が、共産党が本当に変わってきていることを証明しています。

日本共産党の名前は変えなくていいんじゃないですか

中島　それに先ほども言いましたが、共産党も変わってきました。けれども、やはり日本共産党という名前は変えないという選択肢を僕は支持しています。というのは、そこには死者の経験値が詰まっているからです。この党名でいろんな人たちが亡くなり、戦争中も獄中で亡くなった方がたくさんいる。治安維持法でむちゃくちゃにされ、あるいは日本共産党の中でも失敗があったけれども、それらを含めて、死者たちの叡智に自分たちが縛られているっていうことの矜持《きょうじ》が、いろんな「共産主義」が劣勢に立ったなかでも党名を変えないということになっていると思います。それは死者の過ちから自分たちが学ぶっていう態度なんじゃないかと思うんですね。

小池　そうですね、96年の歴史がパンパンに詰まった名前ですから。簡単に変えるわけにいかないし、変えてはいけない、変えたら共産党の一番の真髄が失われてしまうと僕は思っています。いまの先生のお話を聞いている共産党員は、みな励まされると思いますよ。

中島　みんな〝名前を変えれば〟という質問をいつも受けていますからね（笑）。変えないでいいんじゃないですか。

もう一つのアドバイス――「正しさの所有」に陥らない

中島　もう一つ言うと、左の人たちの悪いところというのは、僕も『週刊金曜日』という雑誌の編集委員をやっていて繰り返し直面するのですけれども、「正しさの所有」という観念をもっていることなんですね。自分たちが絶対に正しい答えをもっているという考え方です。しかし、それを強くもっている人には、普通の庶民は近づきたくないですよ、うっとうしいですから（笑）。

そのうえ、〝何とかせよ〟との命令口調がすごく多いですね。対話をしようとしているとは見えないのです。大切なことは、やはり自分も間違うかもしれないという感覚です。自分を疑うことです。そうすると自分と違う意見を言っている人と向き合って話を聞いてみようとなるんですよね。違う意見に理があるとなれば、合意形成する部分が出てきます。議論というのは、相手の言っていることに何らかの理があると思っていることと、自分の意見を少しでも変える勇気のある人間がやることだと思います。だから、僕は絶対に出ないって決めている番組が「朝まで生テレビ」なんですけれども（笑）。

田原総一朗さんは、たいへん良い方で、放送がされていないときは良い方なんです。あの番組の生放送が始まると、多分、田原さんは演出家になられるので、AかBかとになるんです。「朝まで生テレビ」って、何が問題かといったら議論をしていないことです。言い負かし合いをやっているんですよね。僕はこの番組を見ていて「なるほど、あなたの言っているのは正しいね。自分の意見を変えます」と言った人を見たことがありません（笑）。

「なるほど」と思うことを言われれば、論破しないといけないとなって、大声を張り上げ始めるんですよ。これは議論じゃなくて、言い負かし合い。議論というのは相手の言っていることに理があれば、何とかアプローチをしようとするものなのです。

この番組「とことん共産党」は保守の方も共産党の党員の方も、両方の方が見て下さっているのと思うのですけれども、共産党の党員の方は、現場で自分たちの言っていることだけが正しいというのではなくて、聞く耳を持ち、相手と対話をしながら物事を進めていくという態度がないと誰からも聞いてもらえないことに、心を留めてほしいと思います。

小池　いまのお話は本当に大事だと思いました。市民と野党の共闘の時代に、僕らが心掛けなければいけないことだと思います。相手をリスペクトするということなんですよね。個人の尊厳を破壊するような政治に対して闘う、そのためにもというか、意見の違いを乗り越えて闘わなければいけない時だけに、いろんな違いを越えた、相手をリスペクトするという姿勢が、なにを置いても一番大事じゃないかと思います。だから市民のみなさんもリスペクトする、他の野党の方々もリスペクトする、そしていろんな違いは違いとして認めあっていくというのが、いま大事になっていると思いますね。

僕がこの番組に出た理由

小池　時間になりましたので最後にお聞きします。最初に伺うべき質問だったかとも思いますが、そもそも中島さんはなぜこの番組に出ようと思われたのですか？

中島　師弟関係というわけではないのですが、山口二郎先生（２０１４年から法政大学法学部教授、北海道大学名誉教授）とは北海道大学で研究室がお隣だったものですから、2カ月前にいろんなお話をしていてこの番組の話も出たんですよね。山口先生も出てらっしゃるし（18年8月）、白井聡先生もその前（18年6月）に出てらっしゃって、この方々はよく知っているし、大変共感している方です。そのみなさんが出てらっしゃるということが一つでした。

それから『保守と大東亜戦争』という本を集英社から今年（18年）7月に出したんですけれども、そこで書いていることをここで考えたいと思ったからです。

最近、保守の人たちというのは、基本的に大東亜戦争は正しかったんだという議論をしがちですけれども、例えばその時代に生きていた福田恆存さん、山本七平《しちへい》さん、猪木正道《まさみち》さんとか戦後の保守を担った人たちは、基本的には大東亜戦争にたいして非常にネガティブで否定的に反対をしていた人たちなのです。

小池　僕は『保守と大東亜戦争』を読んでちょっとびっくり。福田恆存氏があの戦争にあのような態度をとっていたのかというところは意外でした。

中島　そうなんです。そのことが世代交代をして忘れられている。この人たちみなさんはもう生きていません。つまり開戦時に20歳以上だった人たちは戦後に対してもそれはおかしいと考え、戦中の軍国主義と戦後の民主主義のなかにある問題にある種のつながりがあるのではないかと考えていた。それが保守でした。

その問題を書いているのですけれども、大東亜戦争に対して批判的だったのは共産党とこの保守の人たちだった。そこにもぼくは非情に重要な何かがあると思います。なのでそういったところからも考えたいと出させてもらいました。

小池　時間があれば、そのお話をもっとお聞きしたいのですが、時間がきてしまいました。申し訳ありません。

今日は今後僕たちがいろんな発言をしたり、政策を出していくうえですごく大事な指摘をいただいたような気がしております。ありがとうございました。

ご覧くださっているみなさんに何かメッセージなどがあれば……。

中島　来年（２０１９年）は統一地方選と参議院選があって、これはけっこう山場だと思います。２年強前の参議院選挙では野党の一応の共闘というのがあって、１人区については特に東日本の方で野党共闘に票が来たわけですよね。

選挙というのはやはり、その選挙の現場で一緒に運動をやるわけですから、これまでいろんな労働組合を含めて様々な対立があって、そこはなかなか踏み越えたくないと思っている一線というのがあると思うのですけれども、先ほど申し上げましたように、自分だけが正しい、相手が間違えているというのではなくて、相手の言い分を聞きながら合意形成をし、より大きな目標のためにどういうことをやっていったらいいのかが大事なことになります。それが問われてきているし、日本共産党はそういう意味で変わってきている。

そこで今度は国民の方が問われていると思うのです。選挙にむけて安倍さんの一強体制を崩すためには選挙で勝たないといけないですから、そこのところを進めるために、みんなの偏見をとりのぞいていくこと、お互いを知り合うことだと思います。

小池　いろんな世論調査を見ても、安倍政権の政策には反対している人が圧倒的です。今度の参議院選挙では与党を少数に追い込んで、非改選議席も含めて少数に追い込んで、衆参のねじれ状況を作り出せば、いまのような暴走をとめることができると思います。

そうなれば、次の総選挙で政権を倒すというところまで展望できると思うので、ぜひそういう結果を、連続する選挙で出していきたいなと思っています。ありがとうございました。

中島　ありがとうございました。

（本書で初発表）

改竄、強権、無反省の安倍政権との対峙

対話者
白井 聡

（しらい・さとし）　1977年生まれ。京都精華大学専任講師。著書に『未完のレーニン—「力」の思想を読む』（講談社）、『国体論—菊と星条旗』（集英社）など。

公文書改竄などが明らかになった森友問題

小池　森友学園の国有地取引に関する公文書を財務省が改竄《かいざん》したことは、憲法に明記された国民主権と議会制民主主義を根底から破壊する重大問題です。公文書は「国民共有の知的資源」（公文書管理法第1条）で、その改竄は国民を欺《あざむ》くもの。改竄した公文書で行政府は1年間にわたって国会、国民をだまし続けました。誰が何の目的で改竄したのかを解明し、責任追及することなしに、政治を前に進めることはできません。

森友問題の核心の一つは首相の妻・安倍昭恵氏の関与です。もう一つは、森友学園の籠池泰典前理事長と安倍首相が、侵略戦争を美化する改憲右翼団体「日本会議」に所属していたことです。安倍首相は「私や妻が関係していたなら総理大臣も国会議員も辞める」と言ってしまったため、引くに引けなくなりました。そのため、これらの問題を隠ぺいする方向で大きな力が働いたのではないかと思います。

なぜ改竄前の公文書に、安倍首相夫妻の名前まで出して国有地取引の経緯を詳細に書かざるをえなかったのか。森友学園が計画する小学校の名誉校長を昭恵氏が務め、首相自身もかつては同学園の教育方針を天まで持ち上げていたことで、財務省が「特例的」な扱いをしたからです。

白井　官僚の忖度《そんたく》だけで8億円という大幅な値引きなどできるはずがない。自らの裁量を超えたあまりに異例な土地取引です。相当明確な形で指示があったと考えざるを得ないですね。

森友学園というのはどういう学校か。海外メディアは、単なる汚職ではなく、戦前の軍国主義教育の要となった教育勅語を幼稚園児に暗唱させ、〝安倍首相がんばれ〟と唱和させる異様な教育をしてきた、と大きく報じています。極右の学園だからこそ、便宜を図ってもらうことができたというわけです。

この事件をめぐっては「極右の幼稚園」と、「国家の私物化」という二つがキーワードになるわけですが、共通点は「あの戦争の未処理」ということに関わるんですね。

あの戦争に「負けた」ということを、「なかったこと」にしてごまかすことによって成り立っている政治・社会の在り方を、私は「永続敗戦レジーム」と呼んでいます。安倍首相の政治そのものです。

戦前は国土や国民が天皇の持ち物であるかのように扱われてきました。前近代的国家の考え方だったんです。安倍政権になって、戦前への反省を欠くだけでなく、むしろ賛美する勢力が大手を振るようになった。極右的な森友学園の経営者が便宜を図ってもらえたのはその象徴です。戦前への反省がないから安倍首相は、国家の私物化を平気でやったのだと思います。

戦争法強行で、たがが外れた

小池　極右的な性格を持つ学校だということが特例的な国有地払い下げの背景にあるというのは、おっしゃる通り核心部分だと思いますね。実は、日本会議がどういう団体かという記載は、近畿財務局が財務省本省の理財局に「特例的」取引として申請した際の公文書（２０１５年２月）には載っていないんですよ。

白井　ほぉー。

小池　しかし理財局が決裁した公文書（同年４月）には記載されている。日本会議を支援するためにつくられた「日本会議国会議員懇談会」の副会長は安倍首相で、特別顧問は麻生太郎財務相だと。財務省として日本会議の記載を書き加えさせたわけです。特殊な土地取引を進める根拠として日本会議の記述が必要だと判断した。ここに問題の本質があります。

白井　今回の文書改竄で思い浮かぶのは、敗戦時に軍と官僚が書類を大量焼却したことです。書類を焼いたり書き換えたりしてしまうのは、まずいことをやってきたと分かっているからです。文書が今すぐに公開できなくても将来正しさが納得してもらえるはずだという自信がないからです。アメリカは国家の恥部にかかわる問題でも原則公開します。

小池　日米の核密約などの問題は、アメリカ側が文書を公開するなかで明らかになることが多いですからね。安倍政権は記録を管理し、一定の時間がたてば公開するという民主主義の大原則にそむくことをやっている。

今回のことだって、国有地を高く売るはずの理財局が、首相の妻が関与していたため安く売ってしまった。これは恥ずかしくて表に出せない話です。裁量労働制のデータねつ造、南スーダンの自衛隊日報の隠ぺいもあった。強権的な政策決定で、例えばこれ以上獣医学部をつくらないといってきた政策を上からの圧力で変えさせる。いろんな矛盾が噴出しています。

その最たるものが、戦後の憲法解釈をひっくり返し、閣議決定で集団的自衛権の行使を容認し、戦争法を強行したことです。あれですべてのたがが外れました。

白井　憲法を変えたに等しい解釈変更を閣議決定でやったということですからね。信じられないような強権政治です。

小池　しかもその上で憲法そのものを変えると言っている。

白井　極右思想を持つ腐敗した連中が主導する改憲なんてお話にならないと言い続けてきましたが、改めてそう思いますよね。

小池　改竄、隠ぺいは非常に重大な問題ですが、根本にある安倍政権の体質、憲法を無視した姿勢というのが大きく問われていると思います。

自民は米の出先機関になった

小池　安倍政権は外交でも破綻《はたん》に陥っています。仏紙ルモンド（18年3月13日付）で米朝首脳会談の動きについてこう書いています。「金正恩《キム・ジョンウン》との会談を受け入れるというトランプ米大統領の突然の決断は、日本を面食らわせ、朝鮮半島をめぐる外交の駆け引きから今後、孤立させられるのではないかとの疑念を生じさせている」。すごく強烈です。「（トランプ大統領の）寵愛《ちょうあい》を得るために、特に日米安保同盟を強化するためにあらゆることをしてきた日本の首相は、米朝直接交渉の問題について相談されていなかった」と。まさにそういう状況ですね。

白井　関係諸外国の視点に立ってみると、当たり前のことです。なぜなら、アメリカのご機嫌をただひたすら伺っているというのが日本の姿勢ですから。アメリカから見ても、〝日本は100％賛成です〟と言うに決まっているから、ほっとけばよろしいと。なるべくしてなった、ということだと思います。

自民党はある意味、アメリカの窓口ですよね。それでもある時期までは、アメリカ側の圧力をキャッチしながら、少しは日本の国益も主張してきた。それが今はそういう党じゃなくなっていますね。もう完全にアメリカの出先機関。アメリカの言いなりじゃなくて、アメリカの言いそうなことの先取りという政治姿勢ですね。これがここ10年ぐらいで異常に顕著になってきたと感じます。

小池　私たちは北朝鮮による核・ミサイル開発は断じて許されないという立場です。同時に、偶発的な事態や誤算による軍事衝突の危険があるとして、米朝間の直接対話によって解決するべきだと言ってきました。安倍政権は「対話のための対話は意味がない」と言いますが、実際にやっているのは「圧力のための圧力」で圧力一辺倒。これは完全に破たんしていると思います。

アメリカ自身は軍事一辺倒ではない。アメリカの動きを複眼的に見ていく必要があると思っています。

白井　北朝鮮問題で声を大にして言わなくちゃいけないのは、この緊張の根源は何かと

いうことです。朝鮮戦争は終わっていない、休戦しているだけで、戦争状態が続いている
ことです。だから本来、日本外交が掲げるべきスローガンは〝朝鮮戦争の平和的終結〟で
あるはずなのに、現在の権力は対米従属を続けるために、絶対に終わってほしくない、と
願っているのです。

野党共闘――参院選は相互推薦を実現したい

小池　内政、外交とも行き詰まっている安倍政権をどう倒していくか。自民党の小泉進
次郎氏（自民党筆頭副幹事長）がこんなことを言っています。
「（昨年の衆院選は）自民党の勝利ではなくて、野党のボタンの掛け違いに救われただ
け、というのが僕の実感ですね」「（野党が）一つになれれば政権交代の可能性は常にあ
る」（「朝日」18年3月15日電子版）
その通りだと思います。
昨年（17年）の総選挙は、希望の党が出てきて、民進党が組織的に合流するという驚
天動地の事態になった。野党共闘分断の動きがなければ、自民党に多数を許す結果になら
なかったと思います。しかし、市民が声を上げ、共産党も共闘の旗を揺るがず掲げ、逆流

を押し返しました。

白井　立憲民主党ができて、しっかりしてほしいと思っていました。どうもはっきりしないように見えるんですが、野党共闘はどうなんですか。

小池　安倍政権のもとでの9条改憲には反対で一致しています。米軍新基地建設反対が争点になった沖縄の名護市長選挙は勝利できませんでしたが、立憲民主党も含めて一緒にたたかうことができました。原発ゼロ基本法案は4野党が一緒に出しました。政治的な対抗軸をもって安倍政権と対峙《たいじ》する野党共闘が、一歩ずつではあるけれども進んでいると思います。

白井　野党共闘について、市民運動に取り組んでいる三重県の若い人の報告を聞く機会がありました。それがおもしろくて。三重県は「民進王国」で連合も強い。だから野党統一候補の調整がものすごく難航した。最初は民進党系の候補者が、共産党の人と同席するのも嫌だという感じだった。それが、市民団体が間に入ることによって変わってきた。それこそ「市民が主役」という話です。市民運動の側が、どれだけきちんとした組織をつくり、交渉のテーブルに共産党系の人も、民進党系の人も乗せることができるか。それがキーになると思いました。

小池　本当にそう思います。市民の「野党は共闘」という声と運動の後押しで、手を結ぶ状況をつくっていくことが大事です。

同時に、そういうなかで、各政党が個性を発揮する必要があると思っています。共産党は、安倍政権の暴走政治の根っこに、異常な「対米従属」「財界中心」という自民党政治のゆがみがあることを大いに広げていきたい。そういう共闘になった方がむしろ力も出てくると思います。

白井　政党の中で、対米従属体制への根本的な批判者は共産党だけです。共産党と一緒にやることは、自民党政治の本丸に切り込むことになる。共産党および一緒にたたかう可能性のある勢力が、どう共通の理念をつくっていくかが、今後の課題ですね。去年の総選挙では相互推薦までいかなかった。

小池　来年（19年）の参院選1人区では相互支援、相互推薦を堂々と主張していきます。本気の共闘でなければ勝てないですから。

白井　期待しています。

（「しんぶん赤旗」日曜版2018年3月25日号掲載）

野党共闘で政権交代を

対話者

内田 樹

（うちだ・たつる）　1950年生まれ。神戸女学院大学名誉教授。京都精華大学客員教授。「安全保障関連法に反対する学者の会」呼びかけ人。著書に『私家版・ユダヤ文化論』（文春新書。小林秀雄賞受賞）、『日本辺境論』（新潮新書。新書大賞受賞）など。

戦争法廃止と野党共闘

小池　昨年（２０１５年）９月の戦争法（安保法制）の強行から半年が経ち、３月２９日に施行されました。戦争法をこのままにしておくと、南スーダンＰＫＯにおいてすぐに具体化が始まってしまいます。私が昨年８月に国会で暴露した自衛隊内部文書には、今年（１６年）の３月から南スーダンに派遣すると書いてあったのですが、この夏に参議院選挙があるため、安倍政権は先送りしました。いま南スーダンは内戦状態です。住民保護のための治安維持活動や駆け付け警護をするということになれば、自衛隊が殺し、殺される世界に入っていくことになります。

内田　自衛隊が南スーダンに派遣されれば、米軍が中東でおこなったように、いずれ「動くものは全部撃て」ということにならざるを得ないと思います。自衛隊員は、戦後７０年ひとりも殺していません。戦争し続けてきた米軍でさえ、帰還兵の多くが戦場経験のトラウマで苦しんでいるというのに、戦争経験のない自衛隊員が戦場で「殺す側」に立ったときにどういう心の傷を負うことになるのか。

『帰還兵はなぜ自殺するのか』（デイヴィッド・フィンケル著、亜紀書房）によると、兵士たちは、戦地ではその非日常的な状況にそれなりに適応できるそうです。でも戦場から帰って市民生活に戻ったときに、戦場で自分がしてきた行動――非戦闘員の殺害や拷問――といまの生活の間の落差を埋められなくなる。戦場での自分の異常なふるまいと家庭や職場での穏やかな生活との間に同一性を維持できなくなる。その違和感が家族を殺したり、自殺したりというかたちで暴発する。米陸軍では帰還兵の精神障害が深刻な問題になっているというのに、安倍首相は、戦場の経験が人間の精神をどれほど傷つけるかということに想像が及ばないのでしょうか。

小池　国会で、安倍首相と戦争法の問題で何度か論戦しましたが、彼はあくまでもそのリスクを認めない。人の命や暮らしについての共感が全くないと言わざるを得ませんね。

内田　あの人には「惻隠《そくいん》の情」がないですよね。

小池　安倍政権は、これまでの自民党政権とも性格が違うと感じています。そういう意味でも、政策上の違いはあっても、安倍政権を止めるためにいま野党が力を合わせなくてはいけないと思っています。戦争法の最終盤のたたかいのなかでのＳＥＡＬＤｓ（シールズ）のコール「野党は共闘」に応えたい。

内田　野党共闘の現状はどうですか。

小池　私は、参議院１人区ではかなりすすむと思っています。今回の選挙では、安倍政権をどうするかということだけではなく、日本の未来をどうするのかという視点で野党共闘をすすめたいですね。

内田さんは、共産党が野党に選挙での協力を呼びかけたことについて、どう見ておられますか。

内田　いい仕事をしたと評価しています。日本共産党はまもなく結党１００年になる。世界各国の共産党が栄枯盛衰を経験したなかで、いまも国会に議席を保持している共産党は日本とフランスくらいしかありません。１００年の歴史的風雪に耐えて、民主主義社会に根をおろした。その点で、日本共産党は世界的にも例外的な成熟政党だと思います。

小池　ありがとうございます。この間の選挙で共産党への支持が広がってきていることによって、私たちの発言力が増し、自信にもつながってきています。衆議院で20人を超える議員団ができたことが、野党共闘や「国民連合政府」を呼びかける大きな力にもなりました。

資本主義の行き詰まりと世界の変化

小池　いま世界の流れも変わってきていますよね。

内田　全世界的に「左翼のバックラッシュ」が起きています。イギリスの労働党のジェレミー・コービン、スペインのポデモス、カナダのジャスティン・トルドー、そしてアメリカのバーニー・サンダース。社民的な政策を掲げるリベラル勢力が急速に支持を増やしています。サンダースがアメリカ大統領になる可能性だってある。そのとき、安倍政権は日米同盟基軸をどうする気でしょう。

小池　そうなったら、「日米同盟」は共産党が一番しっかりできるかもしれませんね（笑）。世界的に貧困・格差が広がり、配分の問題に関心が高まっています。つまり資本主義の行き詰まりですよね。「マイナス金利」なんて資本主義の否定だと思いますよ。

内田　資本主義者であっても新自由主義者であっても、グローバル資本主義が行き詰まっていることはわかっている。経済活動というのは、本来は衣食住という人間の身体的欲求を満たすためになされるものですから、身体という限界がある。だから、経済が成長すればある段階で消費が停滞するのは当然なんです。いまおこなわれている経済活動は、快楽や愉悦を求める人間的欲求とは関係がありません。もう買うものがないから、金で金を買う。その取引の主体ももはや人間ではなく、アルゴリズムです。

いまはこの流れをいったん止めて、市場経済を人間のスケールに戻す必要がある。経済活動を生身の人間の生理的欲求を満たすという、限界の内側に収めるべきだと思っています。

小池　ＳＥＡＬＤｓの学生たちが「立ち止まって考えよう」というスタンスに立ち、本来保守であるはずの安倍首相がその逆ですよね。私たちの主張も、憲法を守れ、貧富の格差を正す、所得の再分配をする、ＴＰＰはダメだと言っているわけですから、ある意味で「保守」かもしれません。

学者・研究者の立ち上がりと大学・若者をとりまく現状

小池　内田さんは「安全保障関連法に反対する学者の会」の呼びかけ人として活動されていますが、戦争法のたたかいでは、学者・研究者が大きな存在感を示しましたね。

内田　それは大学の痛めつけられ方が半端じゃないからなんです。日本の大学教育はこのままの教育行政が続けば壊滅します。その危機感は大学関係者の多くが感じていると思います。安倍政権の戦争法強行と大学現場への教育行政からの圧力は、同一の政治的トレンドのなかで起きている出来事ですから。

小池　そういうことがベースにあるから、戦争法のたたかいでも、あれだけの数の学者・研究者が声を上げたんですね。

内田　抑圧の手法が同じなんです。文科省の指示で、日本中の大学が学則を変更して、教授会民主主義を廃して、学長・理事長に全権を集中するトップダウン制に移行しました。大学の自治の伝統が一夜にして廃された。しかも、その指示が「従わなければ助成金をカットする」という金についての恫喝を伴って降りてくるわけです。なぜ学則を改定しなければならないのか、その論理的根拠は示されない。ただ「やれ」と命令し、やらなければ金をやらんと言う。仮にも一国の教育行政を司る省庁が「ことの理非にかかわらず、人間というのは金をやると言えば言うことに従い、金をやらないと脅せば信条を放棄する」という人間観を宣布している。この恥ずべき反知性主義が今の日本社会全体に広がっています。

小池　国立大学からは運営費交付金をどんどん削り、人文科学系の学部はなくせという圧力もかけている。そしていま以上にさらに運営費交付金を削減しようとしています。

内田　教育は未来の我が国を支えることのできる、次世代の若者たちの市民的な成熟を支援するものです。教育は日本の未来のためのものであり、その受益者は社会全体です。でも日本では、人々は教育は商品だと思っている。たしかに商品なら消費者が自分の財布から金を出して買うべきで、税金で賄《まかな》ってくれというのは筋違いです。でも教育は商品じゃない。金のある人間だけが教育を受けられる、金のない人間は教育を受けられないということになったら、30年後50年後の日本はどうなってしまうのか。少しでも想像力があればわかるはずです。OECD諸国内における公財政支出のGDP比率は、もう5年連続世界最低です。「教育は自己責任、自己負担で」という非常識がまかり通っている。

小池　日本社会の発展において、これまでの高等教育が果たした役割は大きいですよね。それをどんどん切り下げようとしている安倍政権は、自分で自分の首を絞めることになることに気づいていないんですね。

内田　そういうなかから「安倍はやめろ」と言う世代が出てきた。若い世代は絶対的な貧窮化のうちにあります。学費の高騰と奨学金の事実上の廃止のせいで、多くの学生が大学卒業時点で500万円もの借金を抱えている。1000万近い負債を負って社会人のキャリアをスタートさせる者さえめずらしくありません。そして、卒業しても4割が非正規雇用しかない。こんな社会に対して、若者が「これでいい」と思えるはずがありません。

小池　日本共産党はこの3月（2016年）、若者政策を発表しました。1つは、国公私立大学の学費を10年間で半額にしよう、というものです。政府が運営費交付金を15年間毎年下げようとしていることに対して、逆に増やす計算をしてみたら、10年で学費を半分にできることがわかりました。2つめは、70万人の学生に月3万円の給付制奨学金を、というものです。いま学生のアルバイト収入の平均は月3万円くらいなので、それに相当する月3万円の奨学金をと考えました。現在140万人の学生が奨学金を受けているので、まずはその半分からスタートしたい。

そして有利子の奨学金は全部無利子に切り替える。給付制の奨学金と無利子化は、おおよそ3500億円あればできるんです。これはちょうど米軍への思いやり予算と米軍再編経費を合わせた額と同じくらいなんですよ。

内田　それはぜひ実現していただきたいですね。若者たちの生活支援が、いま最も緊急性の高い政策だと思います。

小池　私たちは、戦争法廃止、立憲主義を回復するという課題と並んで、「公正な社会にしよう」ということを訴えたい。「経済に民主主義を」ということをもっと広げていきたいと思っています。

内田　若い人、弱い人、貧しい人たちに対して、手厚い支援体制の整った、手ざわりの優しい社会をぜひ実現したい。弱肉強食、勝者の総取りといったシビアな競争社会に投じられたほうが人間は能力を発揮できると信じている人が結構いますけれど、教育現場にいると、それはあり得ないということがわかります。若い人たちを、まず強者による圧力や収奪から守らなければいけない。忍耐強く潜在能力の開発を見守らねばならない。でもそういう弱い者たちへの気遣いや支援という発想は、安倍政権やその支持層である新自由主義者には全くないですね。医療や教育のような、人間の生身にかかわる政策こそが優先されるべきだと思います。

日本共産党への期待

小池　内田さんから、日本共産党への注文があればおっしゃってください。

内田　いま共産党はいい仕事していると思いますよ。Good Job。ぜひ野党共闘で政権交代を実現してほしい。そして、「国民連合政府」を実現していただきたいと思っています。

小池　ありがとうございます。私たちは「安倍政権を倒す」と言っているわけですから、その受け皿になる答えを持っている必要があると思うんですね。夏に予定されている選挙では協力して一致してやろうというのが私たちのスタンスですが、ダブル選挙になれば、政権構想も必ず問われます。私たちが提唱する「国民連合政府」は、戦争法を廃止して、集団的自衛権の閣議決定を撤回する政府です。それが実現できたら、その先の日本の進路は、あらためて解散して国民に選択を求めればいいと思っています。

宮城の参議院の1人区の協力の協定では、戦争法廃止と集団的自衛権の閣議撤回だけではなく、アベノミクスで広がった格差の是正、原発に依存しない社会の早期実現、辺野古の米軍新基地建設に反対、不公平税制の抜本是正という項目も入れている。私は国政でもこのくらいの一致はできると思っています。

そのためにも、共産党を躍進させることが大事ですので、頑張りたいと思っています。

内田　頑張ってください。

（全国学者・研究者日本共産党後援会発行パンフ『日本共産党とともに　力あわせ、未来ひらく』〈2016年4月25日〉掲載）

経済壊すアベノミクス

対話者

浜　矩子

（はま・のりこ）　1952年生まれ。同志社大学大学院ビジネス研究科教授。著書に『グローバル恐慌』（岩波新書）、『アベノミクスの真相』（中経出版）など。

アベノミクスへの市場の逆襲

小池　初めまして。テレビで浜さんの発言をお聞きすると、モヤモヤが吹き飛びます。

浜　そう言っていただくとうれしいです。

小池　とくにアベノミクスについてはズバッと鋭い批判をされています。日銀がお札をどんどん供給する安倍内閣の「金融緩和路線」はまだ入り口に入ったばかりですが、株式や債券市場などの異変をみると、予想以上に早く、浜さんの批判が的中していますね。

浜　これは、異変というより、アベノミクスにたいするきわめて自然な市場の逆襲ですね。私はどうしても「アホノミクス」と言いたくなってしまいますが、その安倍内閣の政策がまさに市場に異変を起こしている。

いま資金が株に移って、国債が売られています。その結果、国債が下落し長期金利が上がる。これは当然起こる市場の成り行きです。また、この調子で金融大緩和を続けると、円安を通り越して円の大暴落を自ら演出することになりかねない。

小池　長期金利が上がれば、住宅ローンも借りにくくなるし、国債を償還する負担が増えて国の財政にも深刻な影響が出るのでは。これまでも結果としてバブルになる政策はありました。しかし、最初からバブルを起こすことを目的にした危険で無責任な政策は、歴代自民党政治でもなかったと思います。

浜　そうですね。彼らは原因と結果を取り違えている。景気が良くなるから、その結果として株が上がる。これが順当な流れです。株が上がるから景気が良くなるわけではない。彼らはそう考えているのか。あるいはそれが間違いであることを百も承知でまやかしをやっているのか。つまり確信犯なのか、単なる思い違い人間たちなのか（笑）。そこはよくわかりませんが。

小池　甘利明経済再生相が講演で「アベノミクス成功の秘訣《ひけつ》は成功するまでやりつづけること」だと。私は「秘訣は直ちにやめることだ」と思いますね。（笑）

浜　こんな調子で、ばくちのような方向に走っていったら、本当に日本経済は焼け野原になってしまう。

小池　いま、みなさんとお話ししていても「アベノミクスでくらしがよくなった」という声はまったくありません。逆に、円安による燃料や原材料の高騰で、庶民や中小企業は苦しんでいます。一番問題だと思うのは、アベノミクスには、内需を温め、所得を増やす政策が一つもないことです。

浜　そういう考えは、安倍内閣の眼中に無いですね。大企業がため込んでいる内部留保を、もっと建設的な投資や賃上げに使う方向に政策誘導すべきなのに、今の状態だと内部留保さえ投機に回る可能性があります。それが基本的に安倍政権の意図するところだという気さえしますよ。

賃上げこそデフレ脱却の鍵

小池 この間、日本共産党は国会質疑などで、「賃上げこそデフレ脱却の鍵だ」と訴えてきました。政府は経団連に賃上げの要請もやりましたが、賃金は上がっていません。

浜 一部でアリバイづくりのような賃上げはありましたが、総体としては上がっていませんね。

小池 安倍政権になってからも10兆円以上内部留保が増えています。でも賃上げや設備投資に回さない。

浜 事業会社がお金をため込んでも何の意味もないですよ。彼らは貯蓄機関ではありませんからね。内部留保をどうするかはデフレ対策として大事なテーマだと思います。

小池 例えば内部留保の1％を賃上げに回すだけで、8割の大企業で月1万円賃上げができる。非正規雇用でも時給100円以上の賃上げができます。

浜　その点はおっしゃる通りです。政府と経営者たちとのやり取りの中で、労働法制の弾力化や規制緩和の推進が話題になっているのも要注意。

小池　自民党は規制緩和して「世界で一番企業が活動しやすい国をめざす」と言っていますよ。

浜　本当に恐ろしい言い方です。企業に役立つ人、競争力強化に役立つ人しか居場所がない国になる。多くの人が落ちこぼれていく構図だと思います。

しかし、これは効率の悪い経済の回し方です。老いも若きも、強きも弱きも、大も小も、それぞれが参加して役割を果たす。その中で全体の経済を支えていく。これが本来あるべき姿だと思うんです。

小池　まったく賛成です。安倍政権が考えている、労働法制規制緩和の中身は、限定正社員制度、「残業代ゼロ」のホワイトカラー・エグゼンプション、金銭解決で解雇を可能にするなどです。結局、「世界で一番労働者が生きづらい国」をつくることになってしまいます。所得を増やすのとは逆の方向です。

浜　たとえ、一部の賃金単価は上げても、非正規雇用を増やし、労働条件を厳しくして、総体としての人件費は増やさないやり方ですね。

ＩＬＯからも批判の声が

小池　ＩＬＯ（国際労働機関）のガイ・ライダー事務局長はこう言っています。「雇用の規制緩和が成長をもたらす魔法のような解決策ととらえるのは間違っている」「日本の成長鈍化は、労働市場の硬直性（労働者保護）が原因ではない」（「東京」２０１３年5月22日付）と。そして、政府の「成長戦略」について「使用者だけに有利であるといった一方的な政策であってはならない」と批判しました。

浜　まさにそのとおりです。いまの閉塞《へいそく》状況といわれる行き詰まりは、実は成長できなくなったからではないんです。９０年代のバブル崩壊後の「失われた１０年」の間は、いまのような非正規雇用やワーキングプアの問題は出ていませんでした。問題が出てきたのは「いざなぎ超え」といわれた景気拡大の時（２００2年2月~０8年2月）です。

小池　この前、ＮＨＫテレビの「日曜討論」で、私は賃上げを主張しましたが、自民・公明は企業収益をあげるのが先だと言う。しかし企業収益があがっていた時も、賃上げに回らずに内部留保が積み上がっているだけでした。今も同じことが起きています。

浜　安倍政権がいう「成長戦略の矢」なるものは、完全に過去に向けて放たれた矢です。いまの成熟した経済に無理やり成長ホルモンを注入して、日本経済が育ちざかりだったころの成長力を取り戻そうという。そのためのインフラ輸出の中核は、なんと原発の輸出ですよ。福島原発事故も収束していないのに、本当にあぜんとします。

小池　まったくそのとおりですね。２本目の「財政出動の矢」もゼネコン向けの大型開発推進という完全な復古政策ですからね。

浜　ロンドンの『エコノミスト』（２０１３年）５月１８日号の表紙はご存じですか？　安倍首相がスーパーマンのように飛んで「鳥か飛行機か……」と。彼の周りには、戦闘機が飛んでいて、記事ではローマ字で「富国強兵」という言葉が使われています。「アホノミクス」で富国を目指し、憲法改正で強兵を目指す。これこそまさしく安倍式富国強兵だなあと、つくづく思いました。

視野にない英国農業の失敗

浜　農業所得を１０年で倍増させるというのもいかがわしい。

小池　農業では、食料自給率４０％という外国依存の構造を見直すことがまず必要です。安倍政権がめざす、ＴＰＰ（環太平洋連携協定）参加は、食料の外国依存をますます強め、日本農業を壊滅させるものです。農家の平均耕地面積がアメリカは日本の100倍、オーストラリアは日本の1500倍。圧倒的な生産条件の格差の中で、農家に大規模化して生き残れというのは、無責任な議論だと思いますね。

浜 大規模化というのは、ある意味、農業を工業化する、農業が農業でなくなることです。イギリスがその方向でやって、BSE（牛海綿状脳症）と口蹄疫《こうていえき》で大変な騒ぎになった。やはり昔ながらの伝統的な農法に戻らないとだめだとなったのが、たしか10年ぐらい前の話です。そういうことが全然視野に入っていないですよね。

小池 生活保護をますます受けにくくなる法案も国会で通されようとしています。貧しい人、ハンディキャップを持った人にもきちんと権利を保障するのが政治の責任なのに全く逆方向ですよ。

浜 弱者救済こそ政策の本源的役割なのに、完全にはき違えていますよ。

小池 他方、一部の人は株高で潤っています。ユニクロの柳井会長と家族の持ち株の時価は半年で1兆円近く増えました。貧困と格差が広がっています。

浜 明らかにそうなっていきます。最近気になっているのは、生活防衛型投機とでも名付けるほかないような行動です。生活のめどが立たない人たちが、資産を増やせるかもしれないと、なけなしの貯金をはたいて株や不動産を買うように誘導されている。今回みたいにどっと下がったら、それこそ手痛い打撃をこうむる人が結構いると思うんです。

共産党の本領発揮の場面です

小池　日本維新の会の橋下徹共同代表の「慰安婦は必要だった」という発言は許しがたいですね。

浜　橋下さんの言い方は、ほかもやっているのに日本だけやり玉に挙げられるのはフェアじゃないと。その発想がすごく皮相で、越えてはいけない一線は、ほかの誰がやっても越えないというのが、基本的な人間の節度であり、知性だと思います。

小池　橋下発言の背景には「侵略の定義は定まっていない」といい、日本の侵略戦争を認めない安倍首相の考えがあると思います。

浜　橋下さんの暴言に目を奪われて、安倍政権の持っている危険な体質が後景に退いてしまうのはよくないですね。２人の発言を聞くと、戦後、二度と同じ道を歩まないための合意を簡単に踏みにじる浅はかさには驚くばかりですね。

小池　アジアだけでなく世界全体を敵に回すことになります。あの暴言にたいし、国民からこれだけ怒りの声が上がっていることに日本社会の健全性を感じています。

浜　市民の意識レベルは高いですよ。それに彼らがついてこられていない。そして、そのことに気づいていない。

小池　今度の参院選挙は、アベノミクスも、憲法や歴史認識もこれだけ問題になっていますから、本当にがんばって議席を伸ばしたいと思っています。

浜　共産党の頑張りどころ、本領発揮の場面だと思いますよ。ぜひ全面展開でやっていただきたいです。

小池　今日は、本当に楽しいお話ができました。ありがとうございました。

（「しんぶん赤旗」日曜版２０１３年６月９日号掲載）

日本経済をどうする！

対話者

大瀧 雅之

（おおたき・まさゆき）　1957―2018年。東京大学教授。著書に『貨幣・雇用理論の基礎』（勁草書房）、『平成不況の本質 雇用と金融から考える』（岩波新書）など。

日本経済の現状をどうみるか

――日本経済の低迷はいっそう深刻ですが、現状をどのようにみていますか。

大瀧　今日の日本経済の最大の問題は端的にいって、貧しい人が著しく増え、所得分配の不平等が非常に拡大していることです。失業者も趨勢《すうせい》的に増大し、現在、完全失業者は330万人に上りますが、これは横浜市の人口（350万人）に匹敵する規模です。さらに派遣労働やパートタイマーが増え、労働条件の実質的な切り下げも進んでいます。

若い世代の失業ももちろん重大ですが、私の世代の人間が失業するとどうなるでしょうか。家のローンが返せなくなるし、子どもたちの教育費も賄《まかな》えなくなる。つまり、ひとたび失業や貧困に陥れば、その影響は自分自身のみならず、家族全体に及ぶことになります。子どもたちが落ち着いた家庭環境や、良質な教育機会に恵まれることなく育つということは、子どもたちの成育にとって極めて不幸なことです。

小池　私も大瀧さんのいわれたことに同感です。労働の破壊は単に経済的な影響だけではなくて、技術の継承の妨げなどを通じて社会の土台を掘り崩していく、社会全体に関わる問題です。この危機的状況を打開することが日本にとって大きな課題だと思います。

その上で、私たちは今日の日本経済の深刻な不況の原因は、働く人の所得が減り続けていることにあると考えています。１９９７年を１００とすると、２０１１年に企業の経常利益は１６３まで増えているのに対し、雇用者報酬は８８まで減っています。その結果、ＧＤＰ（国内総生産）の６割近くをしめる個人消費が落ち込み、内需が冷えきってしまっています。その一方で大企業の内部留保はこの１０年間で約１００兆円増え、２６０兆円を超える水準にまでなっています。

大瀧　企業が儲けているのに、それが雇用者に分配されないというのは重大な問題です。内閣府の「国民経済計算」から１９８０年代後半の「バブル経済」期から、９０年代の「失われた１０年」、２０００年代の「構造改革」期にかけての統計を見ていきますと、その間に名目の企業所得の平均額（年額）は約６７兆円から、約７２兆円、約８８兆円と増えています。一方、名目の雇用者所得の平均額（年額）は約１９９兆円、約２６６兆円、約２６１兆円となり、この１０年間で年あたり５兆円も低下しています。

今日の事態を名目賃金の低下が消費需要の低迷を招き、失業率の増加、生産性の低下につながり、名目賃金の低下をもたらすという悪循環に陥ったとみるのは自然でしょう。

小池　資本金１０億円以上の大企業（金融・保険業を除く）の資産構成でみると、この

10年（2001〜10年）で有形固定資産は22兆円減っている一方、有価証券や現金・預金は100兆円以上増えています。結局、内部留保は設備投資にすら回っていないのです。私たちは単に大企業がため込みすぎていて不正義であるといっているだけではなくて、使い道のない資金が企業の手元に眠っているのは、経済学的にみても合理性がないと考えているのです。この状況を打開していくことが今の日本の不況を打開していくカギになります。

内需を増やす

小池　安倍政権は1月（2013年）に「金融緩和」「公共投資」「成長戦略」を「3本の矢」とする「緊急経済対策」を発表しましたが、その最大の問題は「円高・デフレ」の克服だというだけで、なぜ日本経済が深刻な危機に陥っているかの分析がないことです。自民党政権時代にさんざん規制緩和をやって雇用破壊を進め、貧困や格差を広げてきましたから、その反省がない以上、分析すらできないのだと思います。しかし、病気でも正確な診断がなければまともな治療ができないのと同じように、日本経済の現状分析がない以上、安倍さんのいう「3本の矢」もまったく的を外しています。

大瀧　この表は企業の儲けに対する、企業の海外との所得収支の割合を見たものです

企業の収益(S)と所得収支(I)の推移

（兆円、％）

年	2002	03	04	05	06	07	08	09	10	11
営業余剰＋混合所得（S）	97.1	103.6	109.2	108.2	105.3	110.1	94.8	83.9	97.0	87.0
所得収支（I）	8.2	8.2	9.2	11.4	13.8	16.4	16.1	12.7	12.4	14.0
I/S	8.4	7.9	8.4	10.5	13.1	14.9	17.0	15.1	12.8	16.1

（注）混合所得は家計のうち個人企業の取り分で、その中に業主等の労働報酬的要素を含む。所得収支は外国から得た利子・配当や賃金などと、外国へ支払ったそれらなどの差額を指す。

（出所）営業余剰、混合所得は内閣府「国民経済計算」、所得収支は財務省「国際収支統計総括表」より作成。

が、２００２年の８・４％から、１１年の１６・１％に２倍近くに増えています。企業が海外の儲けを円に換えようとすれば、円が買われドルが売られるわけですから、円高が必ず進みます。

地方に行けばみんなシャッター街で中心に駅があるだけで、あとは大規模店舗と住宅地があるだけなのですね。地方には街がもうないのです。これは海外直接投資と大店法の改悪によるものです。ある街に立地していた工場が、例えばインドネシアに移り、日本人の首が切られるわけですから、これで景気が悪くならないわけがない。「空洞化」や雇用機会の流出、雇用者の賃金交渉力の低下と有効需要の減少に直結する企業の海外直接投資を、どうやって抑制していくかということは非常に大きな問題だと思います。

小池　所得が減って内需が冷え込んでいるのですから、国民の所得を増やす経済政策に転換することが何よりも重要だと思います。私たちがまず提起しているのが消費税増税の中止です。消費税は２０１４年４月から８％への増税がはかられようとしています。これが実行されれば内閣府の試算では、所得３００万円の４人世帯（４０歳以上の会社員の夫・専業主婦の妻・子ども２人）では、今後の復興増税や社会保険料の値上げも含めて２４万円、所得５００万円の共働き４人世帯では３１万円の負担増になります。

所得が減って内需が冷え込んでいるときに、さらに所得を奪う消費税の増税は中止すべきです。将来の増税が必要だと考えている人でも、いまの日本経済で増税することに異論をお持ちの方は少なくないと思いますので、広く訴えていきたいと思います。

金融政策はどうあるべきか

――安倍政権は「デフレ不況」からの脱却として、日本銀行にさらなる金融緩和策をとらせることになりました。

大瀧　いま多少株価が上がり、円安にもなって安倍さんはすごいということになっているのですが、インフレを招くような超金融緩和政策はやめなければなりません。物価の上昇は日々の消費に影響を及ぼすわけですが、それだけではなく家計の保有する預貯金や国債などの金融資産や年金といったストックにも影響を及ぼします。現在、家計が保有する金融資産は１３００兆円ほどありますが、仮に１％のインフレが実現すれば、１３兆もの資産が目減りすることになります。これは消費税でいえば６％ほどに相当しますから、政府がいうように年率２％のインフレになれば、消費税１２％分にも相当することになります。

現在は国債をはじめ債券市場はほとんど反応していませんが、インフレが起きれば国債の金利ははね上がり、価格は暴落します。これは我々の財産がなくなることを意味します。

小池　インフレ政策は本当に危険だし、無益です。実際にこの間、リーマンショック後でみても日銀の金融緩和で市中に供給するマネタリーベースは８８兆円から１２４兆円に４割も増えています。しかしその多くが民間銀行が日銀にもつ当座預金口座にたまっているだけで、貸し出しで企業や家計に回っているわけではありません。実際に国内経済で流通しているマネーストックをみると、同じ期間に４７５兆円から５３５兆円に１３％しか増えていません。結局、超金融緩和は実体経済の改善にはつながらず、むしろ投機マネーの温床になるという副作用を生む危険性があります。

大瀧　消費者物価水準で定義された１０年ごとの平均インフレ率をみると、インフレ率がマイナスの値をとっているのは2000年代の「構造改革」期だけであり、それも年あたりマイナス0・3%にすぎない。私は経済のデータは物理学や化学とは違い、小数点以下一桁二桁を考えるのはほとんど意味がないと思いますから、この10年ほどを見ても、物価はほとんど変化していないといっていいのです。つまり物価は安定しており、それは私たちの生活にとってよいことです。にもかかわらず貨幣の価値をすり減らすような金融緩和政策は、〝水道に毒を投げ込むようなもの〟で、こんな危険なことはやめるべきです。

インフレ策は非道徳的

大瀧　そして、なぜインフレターゲットを支持する勢力がいるのかを考える必要があります。実はバブル経済がはじけてからまだ20年しかたっていません。この間に株価は3分の1、地価は半分になりました。株や土地に投資できるのは金持ちですが、株や土地で損を抱えて自己破産寸前の人がいっぱいいるということです。そうした人たちにしてみれば、負担を減らすために、インフレを起こすことはありがたいことなのです。しかし、バブルのつけをチャラにするために、真面目に働いている人がどうなってもかまわないというのは、きわめて非道徳的で反社会的なことです。

小池　消費者物価指数の下落も大幅なものではありませんし、家電製品のような耐久消費財の価格が落ちているため、生活実感とはかけ離れていると思います。「デフレ不況」といわれますが、物価が下がることを契機にして不況が起きているわけではありませんから、インフレにして物価を上げれば景気がよくなるという議論は根本的に間違っていると思います。

安倍政権の経済政策をみると、雇用政策まで日銀に責任を押し付けています。これは政治として退廃し、堕落していますし、こういう金融政策は変えないといけません。

金融政策を転換する

小池　金融緩和といいながら、中小企業の資金繰りを支援してきた金融円滑化法は3月末の期限でやめてしまう。中小企業の倒産が続出するのではないかと懸念されています。金融庁などは本来倒産すべき企業を生きながらえさせているだけで、モラルハザードを生んでいるといっていますが、東京商工リサーチの調査でもこの間の中小企業の倒産をみると「放漫経営」は1割ぐらいで、販売の不振や赤字累積など、不況が原因が8割以上です。結局、中小企業に対して大幅な金融引き締め政策がやられようとしているのは大問題です。

そもそも日本は中小零細企業に対してまともな金融行政が行われていません。金融検査マニュアルを、中小企業融資の実態にあったものに変えるとか、金融機関が中小企業にどれだけ貸し出しているか、地域経済にどれだけ貢献しているか目標を定めて報告させ、地域社会に貢献する金融機関としての責任が果たせるような恒久的な仕組みをつくることも提起していきたいと考えています。これは被災地での資金繰りの支援でも待ったなしの課題になっています。

大瀧　本来、金融政策というのはあくまで補助的なものです。日銀が直接お金をくれるわけではありません。日銀が銀行にお金を貸して、銀行が取引先を探してお金を貸してはじめて経済に影響を及ぼすわけで、間接的な効果しかもたないわけです。それがこんなに騒がれているのは、本当に注意しないといけない。

小池さんのいわれたように中小企業支援のような産業政策や、被災地支援としての金融政策は意味があります。金融も人と人とが行うもので、マニュアルによるものではないのです。日本の企業の９割は中小企業であり、日本の製造業の命もそこにあるのです。そこが苦しんでいるのに何とかしないとと思わないというのは、国の根っこの部分を掘り崩すことなのです。

小池　中小企業の金融は赤字だからダメというものじゃないと思うのですね。池井戸潤さんの『下町ロケット』という小説が話題になりましたし、昨年（２０１２年）放映されたＮＨＫの連続テレビ小説「梅ちゃん先生」では、高度成長期に新幹線の部品をつくる町工場が舞台になりました。こうした高度なモノづくりを支えているのが中小企業ですし、ものづくりや新しいことにチャレンジする魅力的な企業がいっぱいあります。単に財務上で赤字が何期続いたから不良債権だとするのではなくて、企業の将来性や労働者のやる気、技術を見込んで投資するのが地域金融の役割だと思います。いまの金融政策の転換と合わせて、中小企業に対するまともな金融政策を実現することが求められていると思います。

財政危機の打開策は

――財政危機の解決策はどこにあるのでしょうか。

小池　私たちは昨年2月に「消費税大増税ストップ！　社会保障充実、財政危機打開の提言」を発表しました。マスコミなどが消費税を増税しないと社会保障の維持ができないというなかで、消費税にたよらない別の道を提起しています。基本的な考え方は能力に応じた税財政の負担という応能負担の原則に基づいた税財政政策と、国民の所得を増やす改革により、結果として税の自然増収をはかり、社会保障の拡充と財政危機の打開をやろうというものです。

大瀧　不況のもとでも財政規律は重視する必要があります。国債の日銀引き受けはやってはなりませんし、なにより財政法5条で禁じられたものです。霞が関の人間からは法解釈変更で可能だという声も聞きましたが、それは法の精神に反するものです。仮にも法治国家である日本で許されるものではありません。

小池　民主党政権も5兆円の軍事費には指一本触れず、米軍に対する「思いやり予算」は5年間の長期化をはかる条約の改悪までしました。安倍政権になっても軍事費は増額され、原発推進予算も拡大しています。私たちは公共事業はその中身が問題だと考えています。被災地の復興や津波対策は待ったなしですし、保育所や特別養護老人ホームをつくるような生活に密着し、中小建設業者の仕事につながるものに転換していくことが必要だと思います。政党助成金や機密費にもバッサリとメスを入れる必要があります。歳入では、最高税率を所得税は1998年の住民税と合わせて65%、相続税は2002年の70%の水準にまで戻すこと、証券優遇税制の撤廃と税率の引き上げ（30%）、相続税の課税評価額に準じた基準で5億円以上の資産を対象とした富裕税の創設を提起しています。

大瀧　企業の収益状況で示したように、現在日本の多国籍企業と国民経済の利益の間にはものすごい相反、相克が生じつつあるわけです。企業が海外で儲けたお金を日本に戻そうとすれば、円高を生みますから、結局は海外で運用することになる。あるいは日本人の方が外に出て行くことになる。また今日本の労働者は東アジアの労働者と競争させられ、それが労働条件の切り下げにつながっています。こうした雇用機会の流出や雇用者の賃金交渉力の低下に直結する海外直接投資を抑止するために、日本企業の現地法人に対する課税強化が必要ではないかと思うのです。

小池　大瀧さんのいわれた海外直接投資によって合成の誤謬《ごびゅう》で円高効果を産み出して、企業が自分で自分の首をしめているというのは本当に重要な指摘だと思います。この間、企業が海外直接投資をすると減税措置をとってきているのですね。その一方で「法人税が高いから、海外に出ていく」といってさらに減税しようというのは矛盾しています。これだけ増税だといっているときに大企業だけ1兆4000億円の減税をやるというのは見直すべきです。法人税については、研究開発減税など大企業にしか恩恵のいかない優遇措置は見直して、実効税率通りの負担を求めていきたいと思います。こうした改革で8～10兆円の財源をつくることを提起しています。

大瀧　同時に企業をどうやって手なずけるかが経済政策でも一番大きくなってくる。その際に例えば震災復興を利用して、実効的な経済特区を設立し、大幅な雇用助成金の交付や、法人税、事業税、固定資産税のドラスティックな減税をし、復興をはかることも考えられると思います。財政再建のためには、私も所得税、贈与税、相続税の累進性を強化する必要があるし、証券優遇税制も撤廃すべきだと思います。また、タイミングの問題や税額控除も必要ですが、私たちの財産が運用されている国債の信用を維持するための〝管理費〟として消費税の増税がいずれ必要ではないかと考えています。

小池　私たちも財政規律を維持することは大事と考えていますし、むやみやたらに国債発行することを是認するわけではありません。ただそれを消費税で行うのが適切かという問題があると思います。貧困と格差が広がるなかで、たとえ低所得者対策をしたとしても逆進性の強い消費税を上げれば、ますます事態は悪化しますし、その結果、内需が減り、税収がますます減っていくと思います。

実際に１９９７年に消費税を５％に上げて以降、９６年に９０兆円あった国税収入が７６兆円まで落ちてしまいました。そういう危険がありますから、先ほどの「提言」を実現することが経済と財政の再建を両立させていく道だと考えているのです。

雇用をたてなおす

――雇用問題が非常に深刻です。

小池　所得が減って大変だというときに電機産業では13万人の大リストラがやられています。学生の就職状況は依然として厳しく、たとえ正社員として就職できても、今大卒で28％、高卒で35％の人が3年以内に離職する事態が生まれています。職場でのいやがらせ、劣悪な労働環境のなかで、正社員になったとしても、職場を3年以内に去らなければならない人が3分の1もいるというのは異常事態だと思います。非正規雇用では依然として不当な派遣切り、非正規切りが横行しています。

フランスでは大統領がルノーなどの大企業に乗り込んで、雇用破壊をやめろといっているわけですが、日本政府はまったくものをいっていない。日本経団連は定期昇給の見直しまでいい出しているわけです。こういう新たな賃下げ宣言までやっているときに、きちんと政府の責任でリストラや賃下げをやめさせることを求めていきたいと考えています。

大瀧　かつて日本では従業員の給与を上げ、福利厚生を高めることで自らのステータスも上げることを喜ぶのがいい経営者でした。これが小泉・竹中時代以来ガラッと変わってしまい、いま日本の企業では株主主権論が隆盛して、株主に尽くすことが善になってしまいました。いまだに、堀江某や村上某が奉られる風潮が続いています。

そうすると労働者は安上がりであればいいことになる。しかし企業というのは有機体であって、人間どうしの結びつきが重要なのです。日本の企業の優れたところは人間のコミュニケーションが密だということです。工場で顔を突き合わせれば相互の呼吸で、こいつは今日は夫婦喧嘩をして機嫌が悪いのかとわかる。そういう人間の結びつきがあって、お互いを高めることで今日の日本は築きあげられたのです。短期的な金儲けのためには、どんなに賃金を下げ、労働者をこき使ってもいいというのは、非経済学的なことです。

非正規雇用を規制する

小池　1999年、2004年と連続して労働者派遣法を改悪して、規制緩和を進めたことが貧困と格差、ワーキングプアの拡大を生みました。そもそも雇用主と働く場が違うというのは労働形態としては間違っていると思いますから、原則として派遣労働はごく限られたものにしていく。有期雇用も拡大の方向の規制緩和をやってきましたが、基本的に雇用は期間の定めのない雇用が大原則だと思いますので、例えば「海の家」のように季節限定のアルバイトなどを除いて、合理的な理由のない場合は、期間の定めのない雇用を原則にする法改正が必要です。

大瀧　まず正規労働者、非正規労働者を問わず、雇用者の地位の保全と復活を目指すことが必要です。労働者派遣法の制定や規制緩和によって「雇用の流動化」が著しく進み、製造業の技術伝承が困難になっていることに留意すべきです。企業は分離した個人の集まりではなくて、一つのコミュニティーとして存続しているわけですから、協業の利益を失わせるような雇用システムは非常にまずいと思います。

日本の製造業のクオリティー（品質）の高さを支えてきたのも、やがてそのなかから経営者へと昇る人が出てくるような労働者の人的資本の蓄積だったのです。経営者と社員が画然と分かれていて、労働者はいわれたことしかやらなかったら技術進歩は起きないのです。自分で学び、経験を積んで技術を会得するわけです。

小池　なんで大企業が非正規雇用を広げていくかというと、結局安上がりだということがあります。欧州では労働条件の均等待遇を実現することによって、非正規雇用を制限していますが、日本でも正規・非正規間、男女間で均等待遇を実現することが必要です。

いまの法制度の下でも、長時間労働の是正や労働時間の短縮はきちんと目標も示してやっていくべきですし、法律違反のサービス残業は労働行政の力で根絶していくことが必要だと思います。日本では残業時間について法的規制がありませんので、法的な規制を行っていくことや、有給休暇の完全取得、夜間・深夜労働の規制が必要です。

日本経済の再生を

――最後に、日本経済の再生への展望をお願いします。

小池　日本の社会はあまりにもノンルールです。資本主義経済のもとでももっと労働者を保護し、中小企業を支えるルールをつくることができるはずです。政府がまずできるのは最低賃金の引き上げです。中小企業への支援と合わせて全国一律最低賃金制度を実現し、時給1000円以上を目指していきたいですし、中小企業と大企業の公正な取引ルールをつくっていくことに進んでいきたいと考えています。

これは大企業の内部留保のごく一部を活用すればできることです。例えば連結内部留保が500億円以上の企業グループは約700あり、そこでは1000万人を超える労働者が働いています。そのグループの決算を調べてみると、内部留保を1％取り崩すだけで、8割の従業員に月1万円の賃上げが実現できるわけです。

大瀧　小泉純一郎さんの政権以来、失業している人に対するシンパシーが社会全体として欠け、社会全体の包容力がなくなっていることは大きな問題です。経済学は経世済民の学問であって、世をおさめ、民をすくうものであることは今も昔も変わらないわけです。この認識が今の経済学者に弱くなっていることは、経済学の危機だと考えています。

企業の視野も非常に短期的になっています。今年初め、年頭のあいさつで財界人が、「今の賃金ではとても日本に工場はつくれない。労働力が安ければアジアに出ればいい。日本人が失業したっていい」と話していて、いったいこの人はどういう人なのだろうと思ったのです。社会は有機体であり、個人は切り離して存在できません。お互いが高めあう機会があることによって経済自体も上手くいくのですから、どんな人間もゆとりをもって学校に通い、こうして議論する場が与えられるのは社会全体のためなのです。そういう機会をつくるために、所得再分配で貧困を撲滅することは大変大事なのです。

小池　共産党は大企業をつぶそうとしているという誤解があるのですが、私たちはそんなことをいっているわけではありません。労働者には賃金を、中小企業には下請け代金をきちんと支払う、税でも公平な負担をしてもらうことを求めています。それをしっかりとやっていないから貧困と格差が拡大して、ワーキングプアが日本にあふれ、大企業の製品も売れなくなっているのです。まさに自分で自分の首を絞めることになっている。

大企業の経済活動をまともな軌道に乗せていくためにも、大企業がもつ力相応の社会的責任を果たさせる政治の責任が問われていると思っています。

歴史認識、憲法9条と日本経済

小池　日本経済にとって危機になるのではないかと考えているのは、安倍政権の歴史観です。安倍さんは日本軍「慰安婦」の問題でアメリカの新聞にまで意見広告をだして強制はなかったといいました。これは韓国、中国だけではなく、欧米との決定的な亀裂をつくっていく危険性があります。『世界』（12年12月号）で外務省の条約局長を務めた東郷和彦さんは「日本では強制連行があったか、なかったかの議論をしているがそれは無意味だ。アメリカ人は自分の娘が『慰安婦』にされていたらどう思うかという一点で考える。昔はしょうがなかったといったら同盟の相手にならなくなる」というアメリカ人の発言を紹介し、「日本の議論は日本でしか通用しないガラパゴス化している」と述べています。

日本政府中枢の政治家による異常なゆがんだ歴史観が明らかになってくれば、アメリカや欧州からも異様な国と思われますし、経済的にもアジアとのつながりが強くなるなかで、壊滅的な被害をもたらす可能性があると思います。安倍政権の歴史的認識を政治の場でただしていく必要を強く感じています。

大瀧　最後に憲法9条と日本経済についてお話しします。まず9条自体が非常に良い条文ですが、その経済効果として一つには国内的に日本ではあまり軍事力が大きくないという効果があります。そして対外的には9条があるために、日本はもう二度と戦争をしないだろうという信頼を得ています。もしこれを無くしてしまえば、中国が日本はまた一戦を交える気だなと思って不思議はないわけです。これは東アジアの諸国、欧米との関係でも致命的な損害を日本経済に与えることになります。こういうことをしっかりと認識しないといけません。

——ありがとうございました。

この対話は2013年1月17日に行われた「徹底討論　日本経済をどうする！」（主催・民青同盟東大駒場班、東大駒場キャンパス）を『経済』編集部が整理し、同誌同年4月号に掲載したものです。残念なことに、大瀧先生は2018年7月に亡くなられました。謹んで哀悼の意を表します。

反戦の党　応援したい

対話者

なかにし　礼

（なかにし・れい）　１９３８年中国黒龍江省（旧満州）生まれ。作家・作詞家。「北酒場」（日本レコード大賞）などを作詩。著書に『長崎ぶらぶら節』（直木賞）など。

兄が代々木でレストラン、共産党には毎日出前

なかにし　昔、兄貴が代々木の明治通り沿いでレストランをやっていました。僕も大学に通いながら住み込みで働いていたんですよ。

小池　共産党本部の前が明治通りです。どのあたりですか?

なかにし　共産党本部のすぐそばです。僕は毎日、共産党本部に昼食の出前を届けていました。大学に入学した19歳のころなので、1958年の春から夏の話です。

小池　日曜版発刊が59年3月ですからその前年。党本部がまだ古い建物のころです。

なかにし　働いている人たちも新聞記者風で、ワイシャツを腕まくりしていました。

小池　当時は赤旗編集局も同じ建物にあったようですからね。

なかにし　それがこんな立派なビルになるなんて……。だめな兄貴で店は僕に任せっきり。すぐ店はつぶれました。僕は大学の授業料を納められなくなり、退学しました。

小池　先日出版された、なかにしさんの『がんに生きる』（小学館）を読みました。「がんは人を成長させる」「ものの見方が変わる」と書かれています。私も医者として、多くのがん患者を診ました。そういう人たちにとって、すごく力のわくメッセージで励ましに

なると思います。

なかにし　ありがとうございます。私は2度がんになって変わりました。がんはつらい病気ですが、新しい自己を発見させてくれる。死を考えることで、自分の人生をもう一度見直すことができる。病気の体である自分と、精神的活動をする自分が四六時中向き合うことで、絶え間なく成長させられました。

小池　本では「二度のがん闘病を経験した私が持つ使命は、理不尽と闘うことだ」と書かれています。それで平和を脅かし、過去を否定する動きとたたかう決意をされたと……。

なかにし　昭和が終わったときに、作詩家をいったん辞めました。僕は昭和という時代に翻弄《ほんろう》される一方で、昭和に生かされ、脚光も浴びた。夏目漱石の「こころ」の「明治の精神」に殉じた「先生」ではありませんが、僕も歌書きを終わりにしようと。だけど戦争体験を語らずに死んだら申し訳ない。小説に書き残そうと心に決め、猛勉強を始めました。

小池　なかにしさんの旧満州（現中国東北部）からの引き揚げ体験を書いた本を読むと〝戦争が地獄〟であることがよくわかります。絶対に繰り返してはいけない。

なかにし　戦争という巨大な暴力の前では人間なんて藻屑《もくず》みたいなもの。いま、戦争を知らない政治家が危機をあおり、戦争を是とする国論をつくろうとしている。だから、戦争に反対するまともな政党を応援したくなるんです。

死屍累々の中を走る列車のすさまじさ

小池　なかにしさんは幼少期を過ごした満州で、日本人に対する中国の人たちの強い反感を感じたと本に書かれています。当時から日本の行いは正しくない、という感覚を持っておられたのですか。

なかにし　それは自然に分かります。満州では中国人がいっぱいいる中に日本人がぽつんといた。日本人は軍事力と警察力で支配していたんです。だから僕は、町を駆け回って遊んだことがありません。小学校に行くときも、子守の王《ワン》さんという中国人が〝用心棒〟で付き添ってくれました。

１９４５年、夏が近づくと電信柱に「七有八無」と書いた紙がベタベタ張られました。王さんに聞くと「７月まで日本は有るが、８月には日本は無い」という意味だという。８月９日にソ連軍が攻めてきて目の前に爆弾が落ち、「ああ、これか」と思いました。

小池　ソ連国境に近い牡丹江《ぼたんこう》（現・中国黒竜江省）にいらっしゃった。引き揚げてくる時、死屍累々《ししるいるい》の中を列車が走っていく光景の描写はすさまじかったです。

なかにし　乗っていた列車が機銃掃射を受け、ダーッと天井から床まで撃ち抜かれる。

目の前で軍人が頭を撃たれて死にました。

その列車に乗せてくれ、としがみつく日本人の開拓団民の指を乗客たちが引きはがした。軍人の命令でね。開拓団民はみんな線路に倒れていった。待っているのは死です。僕も手伝わされた。人殺しの手助けをしたという意識は子どもにもありました。子どもにそういうことをやらせる戦争の醜悪さ、残酷さを語っていかないとだめです。

敗戦を機に日本国憲法ができ、基本的人権や非戦の思想が盛り込まれました。私たちは憲法を、もっと宝物のように扱わないといけません。

憲法を宝に、「世界で愛される国であれ」

小池　その憲法を安倍（晋三）首相は、「北朝鮮の脅威」などを口実に変えようとしています。
なかにし　憲法前文には「国際社会において、名誉ある地位を占めたいと思ふ」と書いています。分かりやすく言うと「世界において愛される国であれ」ということです。
小池　そうですね。
なかにし　それまで日本は、戦争を起こす「鬼っ子」のような存在でした。今度は世界から愛される国になろう、と誓ったのが日本国憲法だと思います。

小池　一切の戦力を放棄して、もう二度と戦争をしないことで世界の信頼を得る。それを憲法は戦後の出発点にすえました。安倍首相がやっていることはそれと全く逆です。

なかにし　戦前・戦中の政治を肯定し、そこに回帰するなんてとんでもない。そんな政権が「世界において愛される国であれ」と世界に誓った憲法を変える資格はありません。

小池　本当にそうです。しかも安倍首相は、憲法を全く理解していない。昨年（2018年）秋の臨時国会冒頭の所信表明演説で「国の理想を語るものは憲法」と言いました。全く違います。安倍さんのような人が勝手なことをしないよう、権力を縛るのが憲法です。これが立憲主義の考え方です。

安倍首相は改憲を議論することが「国会議員の責任」だとも言いました。これも違います。憲法99条には「……国務大臣、国会議員……は、この憲法を尊重し擁護する義務を負ふ」と書かれています。国会議員の責任は憲法を守ることです。

なかにし　総理が改憲を主張するなんて変ですよ。憲法に縛られる側が「変える」と言っているんですから。

小池　暮れのＮＨＫ「日曜討論」（18年12月9日）で自民党の萩生田《はぎうだ》光一幹事長代行が、世論調査で「安倍首相が進める」憲法改定についてどう思うかと聞くと賛成が少なくなる、と嘆いていました。

当たり前です。安倍首相は、〝現憲法のもとでは集団的自衛権の行使はできない〟という歴代自民党政権の憲法解釈を変え、安保法制を強行し、集団的自衛権の行使を可能にしました。そんな人に憲法をいじらせたら大変なことになる、と国民は見抜いています。

なかにし 見抜いているでしょうね。

小池 安倍政権は昨年、国会で改憲案を発議することに執念を燃やしていました。しかし臨時国会でも自民党改憲案を説明することができなかった。これは安倍9条改憲反対の国民の世論と、野党が足並みをそろえて反対した大きな成果です。

日ロ領土問題での安倍外交の大破綻

小池 安倍外交も大破綻に陥っています。

そのひとつが日ロ領土問題です。昨年11月の日ロ首脳会談後、安倍首相は〝1956年の日ソ共同宣言を基礎に平和条約締結交渉を加速させることで合意した〟と言いだしました。北海道の一部である歯舞《はぼまい》群島と色丹《しこたん》島の2島の返還を先行的に求めることはありうることですが、その場合も中間的な友好条約で処理すべきです。国境線の画定となる平和条約を結ぶことは絶対にやってはいけない。
歯舞群島と色丹島、国後島《くなしり》、択捉島《えとろふ》の「4島返還」を求めてきた従来の自民党の路線すら否定するもので、ロシア側への全面屈服です。しかし、河野太郎外相は平和条約を結ぶまで国会では答弁しないといいます。

なかにし　国会軽視です。そんなことがあっていいのですか。

小池　外交の大方針を転換するなら、国会できちんと議論しなければなりません。国民の支持を得られない外交交渉が成功するわけがありません。

1875年の樺太・千島交換条約で、北千島を含め千島列島全体が日本領と平和的に確定しました。それをソ連が第2次世界大戦の際、ヤルタ協定（1945年）を根拠に、連合国の戦後処理の大原則だった「領土不拡大」を踏みにじり、千島列島、さらには北海道の一部である歯舞、色丹まで占拠しました。

そのヤルタ協定に縛られて、日本政府はサンフランシスコ平和条約（51年）で千島列島を放棄しました。

こうした戦後処理の不公正を正面から正してこそ、回り道に見えても、問題を解決し、択捉、国後が戻ってくる道も開けます。

いまのような交渉を続けていたら、歯舞、色丹の「2島先行」ではなく、「2島で決着」

になってしまいます。

真相が明らかになれば国民の批判が高まるから答弁もしないということでしょう。昨年の臨時国会で安倍政権は、領土問題だけでなく、ほかの問題でもまともな答弁ができませんでした。

外国人実習生は一種の奴隷

なかにし　臨時国会はひどかった。全部強行採決で、本当にみっともないですよ。
小池　外国人労働者の受け入れを拡大する改定出入国管理法（入管法）の衆院採決の直前、法務委員会筆頭理事だった自民党の議員が「この問題は議論したらきりがない。いくらでも問題が出てくる」といいました。
問題が出るから議論しないなんて、映画「男はつらいよ」の寅さんじゃないけど、「それを言っちゃあおしまいよ」という話です。
なかにし　外国人技能実習生たちの実態はあまりにもひどい。最低賃金以下で働かせたり、約束にない放射能除染の仕事をやらせたり……。そのため年間7000人が失踪しているんでしょう。そんな働き方を拡大すれば、本当に働き手が来なくなります。

小池　入管法改定を提唱したのは経団連です。狙いは外国人労働者を雇用の調整弁として都合よく利用することです。雇用が足りなくなったら入れて、余ったらバサッと切る。

なかにし　勝手すぎます。

小池　外国人にも家族があり、人生もあります。

なかにし　人間の尊厳もある。これは、一種の奴隷制ですよ。

小池　米国務省の２０１８年の人身売買の年次報告書は、日本の技能実習制度で強制労働が発生していると指摘しています。政府は、昨年失踪した７０００人余のうち２８７０人から失踪理由などを聞き取り、聴取票をつくっています。それをもとに政府は最初、最低賃金以下は２２人だけだと説明しました。しかし野党議員が、コピー不可とされた聴取票を書き写し、集計すると２２人どころか１９２７人が最低賃金以下だったことが分かりました。

なかにし　最近、役所は真相隠しをやりすぎです。

小池　国会前で「うそをつくな」のシュプレヒコールが上がるのは異常ですよ。

徴用工問題──「個人請求権は消滅せず」の一致点で解決を

なかにし　日本と韓国の間では徴用工問題が大きな問題になっています。

小池　日本は戦前、朝鮮半島を植民地支配していました。朝鮮の人たちを徴用工として日本に連れてきて、軍需工場や炭鉱などで強制的に働かせました。被害者たちが損害賠償を求めた裁判で韓国大法院（最高裁）は賠償を認めました。日本政府は「国際法に照らしてあり得ない」「断じて受け入れられない」などと韓国を非難しています。

なかにし　木で鼻をくくったような門前払いはだめです。どうするかを話し合わなくてはなりません。日本の最高裁も０７年、個人の請求権はあると認めたわけでしょう。

小池　おっしゃる通りです。西松建設による中国人強制連行の裁判で最高裁は、日中共同声明（７２年）によって「（個人が）裁判上訴求する権利を失った」としながらも「（個人の）請求権を実態的に消滅させることまでを意味するものではな（い）」としました。これを手掛かりに被害者は和解し、西松建設は謝罪、和解金を支払いました。

先の臨時国会でも日本共産党の穀田恵二衆院議員の質問に河野外相は、「個人の請求権が消滅したと申し上げるわけではない」と答弁しました。

昨年末に、日本共産党の志位和夫委員長は、超党派の日韓議連の一員として訪韓しました。そして、文在寅《ムンジェイン》大統領との会談で、志位委員長が「個人の請求権が消滅していないことを日本政府は最近も表明している。日韓両政府の一致点を大切にした冷静な話し合いが必要だ」と述べ、文大統領も「個人の請求権が消滅していないことは重要だ。この立場に立てば円満な解決がはかられるのではないか」と応じました。私たちは、被害者の名誉と尊厳を回復するための具体的措置を、日韓両国で話し合って見いだしていくべきだと提起しています。

なかにし　日本が朝鮮半島で犯した過ちは大きい。それを忘れてはいけません。

対立軸を示しているのは共産党

小池　今年（２０１９年）は統一地方選、参院選があります。一刻も早く安倍政権は終わらせなくてはいけません。国会での野党共闘はかなり前進しています。しかし安倍政権を倒すところまでは、まだまだです。

なかにし　何が足りないですか。

小池　選挙に向けた「本気の共闘」です。昨年9月の沖縄県知事選では、８万票の大差をつけ玉城デニーさんが勝ちました。「辺野古に米軍新基地はつくらせない」という旗印を明確にし、保守、革新の立場を超えた「オール沖縄」でたたかいました。

亡くなった前知事の翁長雄志さんは、自民党沖縄県連幹事長をつとめた自民党の大幹部でした。私も街頭演説でご一緒しましたが、身じろぎもせずに共産党の私と並んで訴えておられました。お互いの立場を尊重し、心ひとつに力を合わせせました。こういうたたかいを全国でやれば、安倍政権を倒せると思っています。

なかにし　僕も沖縄県知事選での勝利は大事だ、突破口だと思っています。野党共闘をなんとか実現させましょうよ。これまでの２回の選挙（１６年の参院選、１７年の総選挙）で共産党は候補者を降ろしてまで頑張っているのに、共産党と組むのは嫌だなんていう党があるのはおかしい。自分たちの利益しか考えていないのではないですか。

小池　各野党の共闘への本気度が問われていると思っています。共産党への注文があれば、この機会にお聞かせください。

なかにし　「もっとがんがんやれ」といいたいです。なぜなら自民党に対する明確な対立軸を示しているのは共産党しかありません。あとの政党はいつでも自民党になれる、と僕には思えます。

小池　辺野古の米軍新基地建設強行に象徴される「アメリカいいなり」、外国人労働者の受け入れ拡大にみられる「財界中心の政治」という自民党政治の根本を批判しているのが共産党です。日本共産党は企業・団体献金を一切もらっていません。財界にもタブーなくモノが言えます。

なかにし　共産党は先鋭的な部分が魅力です。思いを込めた強い言葉でものが言えるのは共産党しかありません。いま日本を危険な目に遭わせようとしている政権を一度倒して、まっとうな政治をやるべきです。その政権には共産党も入らないとだめですよ。

小池　いまわれわれが取り組んでいる野党共闘は、日本の政治史の中で初めて、共産党も加わった、思想信条を超えた本当の意味の共闘になっていると思います。これが勝利したら、日本の民主主義はまったく新しいステージに進みます。

そういう意味でも今年の統一地方選、参院選はとても大事です。何としても市民と野党の本気の共闘と共産党の躍進で、破綻した安倍政権と自民党政治を一刻も早く終わらせたいと思っています。

なかにし　頑張ってください。今日は小池さんとお会いするのを非常に楽しみにして来ました。うちのかみさんには、「あなた、勢い余って入党して帰ってこないでね」といわれました。（笑）

小池　がんばります。今日はありがとうございました。

（「しんぶん赤旗」日曜版2019年1月13日号掲載）

小池さん、安倍政権倒してください

対話者

室井 佑月

（むろい・ゆづき）　１９７０年生まれ。作家。テレビのコメンテーターとしても活躍。著書に『血い花（あかいはな）』（集英社）、『ぷちすと』（中央公論新社）など。

室井　小池さん、安倍政権倒せそうですか?

小池　いきなり来ましたね。(笑)

室井　国会で野党があんなに質問しているのに、安倍(晋三首相)さんとの言葉のキャッチボールになっていません。

小池　のれんに腕押しです。はぐらかすし、答えないし、逃げちゃう。昨年(2017年)の特別国会では、森友学園問題での国有地大幅値引きの口裏合わせ音声データが明らかになりました。

室井　まぎれもない値引き工作ですよ。

小池　国有地を売る方の国側が「この辺でどうですか」と安くしようとする。異常ですよ。やはり昭恵さん(安倍首相の妻)が森友学園がつくる小学校の名誉校長だったからとしか考えられません。

室井　私もそう思います。安倍さんは値引きの根拠が不十分だと追及されると財務省のせいにしていましたね。

小池　あれはひどい。役人が当時「適正」だと説明したから、自分も「適切」だと答弁したというのですから。

室井　部下を信じるのは当たり前だといって逃げようとしている。

小池　役人に責任を押しつけているだけです。加計《かけ》学園問題だって、安倍さんは獣医学部新設申請を昨年1月20日まで知らなかったという。特別国会ではその1年半前の国家戦略特区諮問会議のワーキンググループに加計学園の関係者が出ていたのに、議事録に載せてなかったことも明らかになった。「加計」という名前が出れば、「安倍首相と加計孝太郎理事長でうまくやったんだろ」となってしまうからですよ。

室井　一番説明しなきゃいけないことは「なぜ加計学園か」ということ。それを説明するのは疑われている方ですよ。

小池　昭恵さんと加計さんに直接聞くしかありません。世論調査でも森友学園問題の政府の説明に国民の8割が納得できないといっています。国会論戦や世論と運動で安倍政権を追い詰めていこうと思っています。

野党共闘を是非

室井　来年（2019年）の参議院選挙、どうするんですか？　与党も（選挙協力では）

公明党が「この小選挙区は自分のところが出るから」といい、自民党が遠慮したりする。なんで共産党はそうしないんですか。

小池　昨年の総選挙では、事前の野党共闘の交渉では、「お互いに支援しあおう」と求めていました。しかし突如、民進党が希望の党に「合流」するといいだし、野党共闘がつぶされそうになった。

そのような中で共闘の立場に戻る議員も生まれ、立憲民主党ができ、共産党は67の小選挙区で候補者を降ろし、一本化に協力しました。共闘体制を1週間余でまとめました。この方針は正しかったと思っています。

室井　共産党は縁の下の力持ちじゃなくて、「（そちらが）応援しないと（こちらも）応援しないぞ」って言えないんですか。

小池　次の参院選は野党が本気でお互いに推しあう選挙にしたい。今回は急な選挙でしたが、次は一方的に候補者を降ろすことはしませんとはっきり言っています。本格的な相互支援の形じゃないと国民から見ても「本気なの？」となっちゃうし、選挙自体も力が出ません。「野党共闘の時代」に入り、僕たちの独自の努力として、もっと共産党の政策全体をアピールしていく必要があると思っています。例えば対米関係です。安倍さんが国民が反対している安保法制を強行したのは、アメリカの要求があるからです。アメリカの戦争に一緒に加わって血を流せという要求に応えるためです。憲法を変える手続きもしないで、一足飛びに集団的自衛権の行使を容認する安保法制を成立させた。

対米関係って変えられるんですか？

室井　対米関係って変えられるんですか。知り合いの政治家や評論家に聞いても「アメリカには逆らえない」というような人が多いです。私も変わんないんじゃないか、と刷り込まれたみたいに思っています。

小池　まさに刷り込みですよね。アメリカにつき従う――対米従属は、日本の政治の大きなゆがみだと思っています。世界からみても異常じゃないですか。トランプ大統領が、エルサレムをイスラエルの首都にすると言ったらドイツもフランスもイギリスも……。

室井　みんな反対している。

小池　中国もロシアもみんな反対しているのに、安倍首相だけは一言も批判をしない。エルサレムを首都にするなんて言ったら、世界中が大変なことになることは、誰にでもわかることです。

室井　北朝鮮の核・ミサイル問題も安倍さんのやり方だと危ないわけでしょ。

小池　日本の首相だったら、アメリカに「絶対戦争するな」と言うべきです。戦争になったら日本を含め本当に悲惨なことになる。韓国の大統領も軍事力じゃなくて対話でと言っている。中国もヨーロッパの国も。

室井　そうですよ。

小池　ところが安倍首相は、トランプ大統領の先制攻撃を含む「すべての選択肢を持つ」という立場を支持するといっている。これでは、アメリカをけしかけているようなものです。

室井　北朝鮮問題やエルサレム首都問題に対する対応も、日本は世界から見るとはぐれ雲みたいになっちゃっている。本当はメディアがきちんと伝えなきゃいけないと思う。

小池　日米同盟が絶対で、アメリカから言われたら全部〝うんと言わなきゃいけません〟ということが、日本の政界やマスコミはもちろん、野党の中にもあります。

なんでそうなるのかというと、日本の政治のゆがみの根本にかかわる問題だからです。戦後、米軍に占領され、安倍さんのおじいちゃんの岸信介元首相もA級戦犯容疑者になった。でもその後釈放され、多くの「戦争協力者」とともに日本の政治の中枢に座りました。日米安保条約の内容も、占領下の基地体制の骨組みを残したような形です。安保条約には「アメリカ合衆国は、その陸軍、空軍及び海軍が日本国において施設及び区域を使用することを許される」（6条）と記されている。〝どこでもアメリカ軍が使っていいですよ〃ということです。

室井　そんなの世界中、探してもないですよね。

小池　ないです。それがいまの沖縄の苦しみにもなっているし、首都・東京に米軍横田基地が置かれ、首都の空もアメリカにがっちり支配されていることにもなっています。

室井　だけど日本は戦後、アメリカに逆らったことはないんでしょう。

小池　そこを変えて、対等平等の関係にしよう、と言っているのが共産党なんです。

天皇制や自衛隊は？

室井　共産党は天皇の制度をなくそうと考えているんですか。

小池　共産党は天皇について書かれた条項も含め憲法の全条項を守る立場です。

室井　アッ、そうか。

小池　戦前は天皇が国のすべての権限を握り、天皇の名によって戦争も行われました。でもいまは違います。天皇の制度があるから安保法制がつくられたわけじゃないし、消費税が増税されたわけでもない。政治的な課題を解決するうえで天皇の制度が障害になっているとは考えていません。

室井　じゃあ自衛隊は？

小池　自衛隊は憲法違反の存在だけれど、いますぐなくせるとは考えていません。将来の展望として、北東アジアを平和の地域にして、国民の圧倒的多数が「自衛隊がなくても大丈夫」と判断するところまでくれば、憲法の通りなくすことになります。

室井　いますぐ自衛隊をなくそうと思ってないんだったら、言わない方が多くの人に受け入れられると思う。言わない方が「共産党応援するよ」って言いやすくなるじゃないですか。安倍さんに学んで、質問をはぐらかせばいいじゃないですか。（笑）

小池　安倍さんじゃないから、それはできないんですよ（笑）。室井さんだって、いまの憲法を見れば、自衛隊があることは矛盾だと思うでしょう。

室井　いま災害とか起きた時はどうします。

小池　私たちは、災害の時に自衛隊が果たしている役割はきちんと評価しています。災害派遣に反対したことは一度もありません。

エーッ、本当に共産主義めざしてるの？

室井　私、安倍政権に逆らうようなこと書いたり、言ったりすると「アカ」とか「売国奴」とネットでたたかれます。何で「左」が悪口になるんだろう。

小池　やはり日本社会には遅れたところがあると思うんですよね。戦前、「戦争反対」を主張すると〝アカ〟と言われ、治安維持法で逮捕された。戦後はレッドパージで共産党員が排除され、一部の労働組合なども一緒になって共産党を攻撃した。日本の民主主義をもう一歩前に進めるためには、そういう反共意識は乗り越えないといけないテーマです。

室井　乗り越えて堂々と「左ですけど何か」と言えるようにならないと……。共産党は言っていることはまともだし、自民党がやっていることと比べたらもっと支持されないとおかしい。でも「共産主義になる」って思う人たちもいる。その辺の誤解を解かなきゃいけません。

小池　そうですね。共産主義や社会主義の問題を言い訳みたいに言うのはよくない。堂々と説明しないとね。

室井　エーッ？　本当に共産主義をめざしているんですか。

小池　社会主義・共産主義というと旧ソ連や北朝鮮をイメージする人が多いと思うんですが、ソ連や北朝鮮は社会主義・共産主義とは無縁です。私たちがめざす未来社会はそれとはまったく違います。

室井　そうだったんですか。

小池　資本主義は「利潤第一主義」でもうけを追求します。そのため、貧富の格差は拡大し、一部の人にどんどん富が集まる。地球温暖化の問題でも解決困難な状況がある。このままなら平均気温が上がり、世界中水浸しになる。それでいいのでしょうか。

室井　いやです。でも社会主義には統制経済とか自由がないとか、刷り込まれたイメージがあります。

小池　知り合いの共産党員だとか議員さんを思い浮かべてほしいです。自由や民主主義を守れと一番熱心に主張している人たちだと思います。

僕だって人民服を着ろなんていわれたら命がけで反対しますよ（笑）。今まで発達した資本主義国から社会主義への道に踏み出した国はありません。自由と民主主義をはじめ資本主義時代の優れた価値はうけつぎ、さらに発展させて新しい社会をつくっていくというのが私たちの展望です。

党名を変えた方が簡単では？

室井　普通の人たちに理解してもらうのって何十年もかかる気がします。それだったら「共産党」という党名を変えた方が簡単な気がするんですけど。

小池　党名を変えても「元共産党」と言われるだけです。誤解も乗り越えられないと思います。共産党の名前は、僕らの歴史が詰まっているもので大切にしているんですよ。

室井　日本の政党で一番古いんですよね。

小池　９５年間、同じ名前です。戦争に反対し弾圧され、殺された先輩もいた。そういう歴史が刻まれた党名は僕らの誇りです。

室井　名前だけで拒否反応を起こす人もいます。

小池　そういう人もいます。でも若い人には比較的少ないと思います。ある中学校の社会科の授業で、各党の政策や新聞記事を勉強した上で投票したら、共産党が第一党になったんですね。生徒さんは「ずっとアメリカに頼っている自民党ではなく、国民のことを考えている共産党は政党の中で一番正しい」と話していたそうです。

室井　普通に考えたらそうなんですよね。共産党って実は野党共闘でも柔軟に対応してきたじゃないですか。だから名前さえ変えたら野党の中心になると思うけど。

小池　「日本共産党」という名前には、党の歴史や、資本主義のままでおしまいではなく、本当に自由で平等な世界にもう一歩先に進むという展望が込められています。

党名や未来社会のことなど日本共産党のことを丸ごと理解してもらうためには、１枚ビラを配れば分かってもらえるとは思っていません。小さな対話から大きな集会まで繰り返し開き、じっくり話し合って、理解してもらおうと思っています。積極的に支持してくれる人をもっと増やしていきたいです。

日本共産党ってどんなところ?

室井 自民党などほかの党をみていると議員が中心のように思えます。共産党もそうですか。

小池 圧倒的には、議員じゃない人たちが党員として、くらしている地域や職場で活動しています。多くの党員は、みんなが幸せに暮らせる社会をつくりたい、そういう生き方をしていきたいと思い入党します。その党員の中から〝この人議員にいいんじゃないか〟とみんなで考え、本人の希望も聞いたうえで立候補する。僕も入党したときは議員になろうなんてひとかけらも思っていませんでした。議員になる人もいれば、共産党の職員として仕事をする人もいる。それは役割の分担だと思っています。

室井 党員の方はみんなすごくまじめですよね。息苦しかったりしませんか?

小池 ふつうの人と同じですよ。自由に生きていますよ(笑)。上下関係もない。

室井 そうですか。これも思い込みなんですね。

小池 政策などについて意見が違うこともあります。その時は議論を尽くし、その上で決めたら実行する。そうしないと政党として国民に責任が果たせませんからね。

室井　ほかの党で意見がバラバラだったりすると〝何やってんだ〟と思う。でも共産党で意見が一致していると、何だか怖いイメージがするのですが……。

小池　これを社会全体のルールにしようといっているわけではありません。政党の党内のあり方のことです。みんなで議論して決めたことでも、その表現法はそれぞれの個性でやっていますよ。

室井　私の意見ですが、政党助成金はもらったらどうでしょう。

小池　政党助成金は税金です。例えば室井さんが払っている税金が、自民党にもいってるんですよ。支持・不支持にかかわらず国民に献金を強制する。思想の自由を侵害する憲法違反の制度だとして廃止を求めています。

室井　でも決まったことなんだから、やせがまんしなくても。共産党は変なことに使わないと思うし。

小池　政党のお金は個人献金や「しんぶん赤旗」のような事業活動などで集めるべきだと思います。寄付をする人も「政党助成金をもらってるならやめておこう」となる。逆に共産党の力をどんどん弱めちゃうと思っています。

室井　でも大きな企業の献金ももらわないんでしょう。

小池　もらいません。カネで政治をゆがめるのが企業・団体献金だからです。みなさんの献金や新聞代などで仕事をしているから私たちはムダ遣いは絶対にしない。政党助成金もらったら税金のムダ遣いを本気でただすこともできなくなります。

世論や運動が人を変える

室井　一刻も早く安倍政権を倒したい。時間は残されていないという気持ちです。

小池　安倍政権は本当にひどいことをやっていて、日本はどうなるんだろうという危機感は僕にもあります。同時にこれを変えていけるだけの力を日本社会、市民が着実につけてきていると思っています。だって共産党も一緒になって選挙協力をするなんて数年前までは考えられなかった話です。世論や運動が人を変える。今年（２０１８年）は沖縄の選挙――名護市長選や県知事選、那覇市長選があります。名護市辺野古の米軍新基地建設をはじめとする基地問題だけではなく、日本の政治を左右する重要なたたかいになります。

室井　いまの政府のやり方は、私が沖縄県民だったら〝日本国民と思われてないんじゃないか〟と腹が立つと思いますよ。がんばってください。

小池　がんばります。今日はありがとうございました。

（「しんぶん赤旗」日曜版２０１８年1月１４日号掲載）

国民に分かりやすく伝えて

対話者

香山リカ

（かやま・りか）　１９６０年生まれ。精神科医、立教大学現代心理学部教授。著書に『しがみつかない生き方』（幻冬舎新書）、『リベラルですが、何か？』（イースト新書）など。

社会を敏感に感じる医療現場

小池　あけまして、おめでとうございます。
香山　ことしも、よろしくお願いします。さっそくですが「杉並・中野・渋谷　多喜二祭」であいさつされますか。
小池　ええ、その予定です。ことし（2018年）は戦前の日本共産党員作家だった小林多喜二の没後85周年で2月12日に中野ゼロホールで盛大に計画されています。香山さんが講演をされると聞いていますが。
香山　ミニ講演です。私は多喜二が活動した小樽の出身なものですから。
小池　小樽でしたね。で、どうして医師になろうと？　香山さんの本を見ていたら「理学部に落ちたから」とあったけど。
香山　そうなんです。大学受験に失敗して医学部に。今となってはよかったと思いますけど。
小池　精神科医には？
香山　外科や内科は向いていないので。

小池　僕から見ると精神科医になるために生まれてきたようにみえます。（笑）

香山　そうですか（笑）。小池さんは？

小池　僕は消化器内科です。

香山　内視鏡とかなさるんですか？

小池　内視鏡はけっこう得意でしたよ。医師にいきづまって選挙にでたわけじゃないですから（笑）。まじめに医師をやっていました。（笑）

香山　医療の現場にいると、いちばん社会で起きている問題を敏感に感じることができますね。

小池　しかも、僕らが医学生から医師になるころは「臨調行革」路線で、どんどん医療制度が悪くなっていました。サラリーマンの窓口負担無料が1割負担になり、老人医療制度も自己負担が始まりました。僕が国会で活動している原点は、この医療改悪で患者さんが経済的に苦しめられている実態が大きかったですね。〝日本の政治が病んでいる。この病気を治さないといけない〟という思いです。

香山　私の場合は、精神科医になった前後に、職員が患者さんを暴行・死亡させた宇都宮病院事件があり、入院中心の精神医療がいかにひどいかのルポなどがでていましたから、〝それを変えようよ〟という熱気や希望が現場にありました。

発信の原点は「診察室の視点」

小池　香山さんはいまも外来で診療をなさっているんですか？

香山　外来は週3回です。

小池　これだけ社会的に発信しながら、医師としての仕事はちゃんとやっておられるんですね（笑）。発信の原点は診察室の視点ですか。

香山　その通りです。

小池　政治的にどんどん発言していくのは、かなり前から？

香山　２００２年の日韓ワールドカップを観戦してこれはおかしいなと思って『ぷちナショナリズム症候群』（中央公論新社）を出しました。当時でっかい声で「君が代」を歌って「日の丸」を振ること自体がすごくびっくりしました。そういう違和感を本に書きました。『劣化する日本人』（ベストセラーズ）という新書も出しましたが、たたかれたりはありません。変な右翼みたいな手紙はきたけど、「ひとつの意見だ」と評価する手紙がたくさんきました。なのに、安倍政権になってからは、そういうことを言うだけで〝反日的〟だとか言われ、逆に目立っちゃう。異様です。

小池　普通のことを当たり前にいってても政治がどんどん右のほうに傾いて……。

香山　そうです。私は医師だから〝人権は大事でしょう〟〝一人ひとりは大事にされないといけない〟とかいいますよ。貧困の問題から心を病む人がたくさんいるから格差がいけないと、立場的に常識的なことを言ってもそれが〝反安倍だ〟みたいに言われます。私は「安倍さんがやってくれるなら結構です」といいたいぐらいなんですけど。（笑）

小池　診察室で見てて、そういう矛盾がどんどん安倍政権になって増えていく。

香山　その通りです。ちょっとでも転落した人がより状況が悪くなっていくとか。「過労うつ」もすごく多いし。

小池　若い人だけじゃない。

香山　女性もすごく大変ですね。女性活躍といわれて、仕事しているのはいいけれど、一方で、日本会議的な〝母の役割〟みたいなものもじわじわと強調されているのがよくわかります。仕事と育児の両方をやらなきゃいけない脅しみたいなものがありますね。

小池　追い詰められている感じ？

香山　追い詰められていますね、女性が。「保育園落ちた」じゃないけど、待機児童の問題はまだまだあるし、大変ですね。

小池　精神医療の現場で起こっている事態から、今の政治を告発する役割を香山さんにはガンガンやってもらいたい。

香山　もちろんですけど、もっと若いポピュラーネームのある発言力のある方にも表に出てほしいですね。

いま忖度《そんたく》社会で、安倍政権への批判をメディアですると、怒られたりはしないんですけれども、だんだん表に出る仕事がこなくなっちゃうとかあります。知り合いのスポーツ選手の方や小説家の方で、〝安倍は許せないよね〟とかいう人でも、書いたり言ったりしたらというと「それは無理だ」と。すごく変なことで深刻だと思っています。

アメリカでは反トランプで、映画監督、女優さんとかいろんな方も発言しているじゃないですか。

小池　でもね、最近、日本でもそういう発言をする方が増えているとも僕は思うんだけれども。萎縮している部分もあると思うけど、その一方で、ツイッターでの発信や集会あいさつなど、ひと昔前に比べると、学者や文化人の方が声をあげるようになってきていると。

香山　逆風もひどいので、その人たちを孤立させないような仕組みをつくりたいのですよね。別に組合じゃないけど。緩やかな集まりがほしいですね。

医学界は戦争協力の総括必要

小池　僕は、日本の医学界が戦争協力問題をきちんと総括しないままきているのは大問題だと思っています。香山さんが世話人をされている「『戦争と医の倫理』の検証を進める会」の活動はとても大事ですね。

香山　「検証を進める会」として日本医学会総会に、（戦争協力に関する）医学界の総括を一つの企画としてやらせてくれと申し入れているんです。いまだ実現できませんね。

小池　あの戦争のときに731部隊などでは、東大、京大、慶応大などの多くの医学者が戦争に協力して、残酷な人体実験を繰り返したという歴史があったわけです。ところが戦争が終わっても、そこで中心的な役割を果たした人物が日本の医学界の中心に座って、医学部の学部長や学長になっていった。あるいは、薬害エイズ事件を引き起こしたミドリ十字（当時）の前身の「日本ブラッドバンク」などをつくった黒い人脈があるわけでしょ。

香山　ドイツは、ナチ時代に犯した精神障害者の虐殺に精神科医が加担したってことを認めました。

小池　あれは学会として謝罪をしたんですね。

香山　そうです。７０年の沈黙を破って、会長が追悼式を開いて謝罪と遺族に対する追悼をしたんです。日本だっていまからでも遅くないから、できるはずです。

小池　過去の侵略戦争への加担への清算と軍学共同に向かおうとすることへの警鐘は、医学に携わるものこそが先頭に立つべきだと思いますね。

「市民と野党の共闘しかない」

香山　昨年（２０１７年）の総選挙はいきなりの解散になって大変でしたね。

小池　いよいよ解散というときに、小池さんが……僕じゃないほうの小池百合子さんが「希望の党」を立ち上げて、民進党が丸ごと合流しようとして。安保法制と憲法改正賛成を踏み絵にしたから、僕たちはそれでは自民党と何も変わらないから共闘の対象にならないとはっきりいいました。同時に、そういう流れに合流せずに共闘の立場で頑張ろうという動きは歓迎するとアピールして、民進党が希望の党への合流を決めた日に社民党とは２０選挙区で共闘することを合意したんです。その後、立憲民主党も生まれました。

香山　私は政治について明るくはありませんけど、反原発でいっしょにやっている細川護熙《もりひろ》元総理から、〝小池百合子さんは良くも悪くもポピュリズム。だから、どっちにも転ぶ〟と聞いていたので、〝安倍に一矢報いたい〟という気持ちがあったゆえに、小池さんに変な楽観的期待がありました。自分の意見を変えるがゆえにうまく巻き込めばリベラルのほうになるんじゃないかと。

小池　都政では小池都知事が最初は豊洲移転を〝たちどまる〟といって、私たちも当初は是々非々で臨みました。しかし、その後都民の期待を裏切って豊洲移転をすすめています。もともと小池百合子さんは極右的な思想をもつ改憲論者です。もしも彼女が国政に出てくると、その正体があらわになるのではと。これでは「希望」はもてないと（笑）。

香山　あのとき、こちらも一瞬気持ちが揺れたのは、原発ゼロを言い出したじゃないですか。（笑）

小池　一瞬ですよね。

香山　関東大震災時の朝鮮人犠牲者式典に追悼文を送らないというあたりから、排外主義的なものは隠しきれませんでしたね。（共産党の）小池さんたちもいろいろ悩んだんですか？

小池　正体見たり、という感じで、あんまり困らなかったですよ。

香山　野党共闘にもですか。

しかないと。

小池　これしかないと思いました。安倍政権の暴走を止めるためには市民と野党の共闘

香山　私の知っている共産党の谷川智行さん（東京7区予定候補）は、誰がみてもいい人ですが、選挙区候補を結局おりました。悔しい思いはありませんでしたか。

小池　みな素晴らしい候補者ばかりでした。市民と野党の共闘を守り抜こうと、全国67選挙区で立候補を取り下げるということは決して簡単なことではなく、すごい葛藤がありました。でも、政治を変えたい、安倍政治を倒したいとやっているから、共闘の大義のためにおりる決断をしていただきました。改めてスゴイ党だなと思います。「共産党は身を挺《てい》して日本の民主主義を守った」と多くの識者の方々から評価していただいたのもうれしいことでした。あのまま進んで「希望」が野党第1党にでもなっていたら、改憲推進勢力による二大政党化がすすみ、国会の空気はかなり変わったことは間違いないですよ。逆流をはねのけて野党と市民の共闘をすすめる勢力が、3野党（日本共産党、立憲民主党、社民党）では38議席から69議席に増えました。共産党は緊急事態だったので候補者を一方的におろしてでも共闘のために力を尽くしました。これは、日本の政治が改憲の方向にすすんでいくことを止める力になったと思います。

共闘相手をリスペクトする大切さ

香山　なるほど。

小池　比例代表選挙では共産党自体の議席は減らしてしまうことになり、そこは本当に悔しい結果でした。これは僕たちの力不足だということで、いま真剣に力をつけていこうと努力を開始しています。

香山　正直言って、国民不信にならないですか。私だったらなるかな（笑）。立憲民主の支持者の中にも立憲民主のために選挙区で候補者をおろしたから「比例は共産へ」という声もありましたが。

小池　そういう動きが出てきましたね。

香山　結局ふたを開けてみたら、比例も、それは別に悪いことじゃないけれど、立憲民主に入れた方も多かったと思うんですね。約束が違うじゃないかとか（笑）、そういう気持ちにはならないもんですか。

小池　少しはなりますよ。

香山　あーっははは（拍手）。正直ですね。

小池　でも、政治の場面ではそういったことは起こりうるわけです。

香山　そうですね。

小池　今回、共産党がいやがられたり、反共産党の風が吹いて追いつめられたという選挙じゃないので。

香山　誰もが共産党の決断に感謝しました。

小池　市民と野党の共闘を真剣に求める共産党にたいして、有権者は温かかった。多くの市民のみなさんから「共産党に感謝する」という声が寄せられました。それはすごく文えになっていますね。

香山　ある意味で次に続くっていう感じですか。

小池　ええ。今後に続く結果です。ただ僕ら自身の課題は残りました。いまは共闘の時代です。まともな共闘相手が国政の中で生まれてきたときに、共闘相手をリスペクトする＝尊重しながら〝共産党じゃなきゃダメなんだ〟と積極的に共産党を選んでもらう活動を日常的に広げなければと。それが僕らの課題だと思っています。

ことしは、市民と野党の共闘を本格的な共闘にすすめる年にしたいですね。

香山　逆に言えば、いましかありません。

小池　いままでの自民党政治は建前ではあっても戦後民主主義の土台の上に政治をやっ

てきたけれども、安倍政治というのは戦後民主主義を否定する政治なわけです。保守というより、反動というか、民意無視の戦後民主主義の破壊者ですよね。

香山　日本を壊さないで、と言いたい。

小池　それに対峙《たいじ》するのは、保守的な立場の人もふくめた、幅広い市民と野党の共闘です。

共産党らしさとは何だろうか

香山　逆にお聞きしたいのは、今の共産党の姿勢や、やってらっしゃることには、何の違和感もないのですが、「じゃあなぜ共産党なの」という共産党らしさはなにかということです。立憲民主主義とか社会民主主義に埋没されない差別化をどう考えるか。

小池　共産党の個性や共産党らしさをもっと鮮明にうち出した方がいいと。

香山　自分は無責任な外野ですけれども、共産党っていいんじゃない、正しいんじゃないって思うけれど、逆にそれが、じゃあ共産党じゃなくてもいいんじゃないの？　っていうふうになってしまいかねない。

小池　例えば、政策でいえば、立憲主義・憲法をきちんと守っていく政治を取り戻そうというところまでは、共闘する野党間で一致しています。では、なぜ立憲主義破壊の政治が起きているのかといえば、日米軍事同盟優先の政治があるのです。安保法制＝戦争法そのものが「日米新ガイドライン」を具体化するためのものでした。安倍首相が安保法制にあれだけ執念を燃やしたのも日米軍事同盟強化というアメリカの要請にこたえるためです。従属的な軍事同盟をやめて、本当の意味での独立国家になる必要があると共産党は主張しています。

香山　広い意味にいうと、日本における共産党の立ち位置ということですよね。

小池　〝神を信じるものも信じないものも〟を合言葉にしたレジスタンスのたたかいがあったヨーロッパとは違って、日本は戦前、共産党以外の政党がすべて大政翼賛会に合流して、みんな戦争礼賛の歴史をもっているなか、戦前戦後を通じて反戦をつらぬいたということは僕たちの誇るべき歴史です。そういう意味でぶれない。いまも絶対に市民を裏切らない。自民党政治の根本にあるアメリカに対する従属や大企業とか財界の政治支配に対してしっかりタブーなく切り込んでいくことは、共産党らしさの真骨頂です。

香山　それはよくわかります。

小池　僕らが国会論戦でほかの政党と違うなと思うことがあるのは、企業の名前をあげて追及するときです。ほかの政党は、企業の名前を出すことは遠慮しがちです。共産党は大企業からいっさい献金を受け取っていないこと、「しんぶん赤旗」も大企業の広告を掲載しない。そういうことも大きいと思っています。

香山　そのときこそ本領発揮ですね。

小池　沖縄の米軍新基地建設でも、相次ぐ米軍機の事故でも、政府はアメリカに何も言えない。まるで「属国」です。この根源にある日米安保条約をやめて、アメリカとは対等平等の友好条約を結ぶという道を示しているのも、共産党ならではですね。

香山　オバマ政権のときは対米従属から離脱するとはちょっと言いにくい。オバマさんは核をなくそうとしているのに、と逆に反感を買う。でも、トランプさんが大統領になってから〝あのアメリカに従うのか〟と言いやすいと思いますね。

小池　核兵器禁止条約だって、国連の会議に参加しようとすらしないですから。

香山　そうですね。悲しかった。

資本主義を乗り越える未来社会

小池　共産党ならではという最大の値打ちは、社会主義・共産主義というわれわれの掲げている未来社会論です。いまの政治課題として、すぐにそれを実現しようと言っているわけではありませんが。

香山　現状を肯定しつつ、ビジョンを提供というなら納得します。

小池　資本主義が人類最高の形態で、これでもう人間の歴史はおしまいなんでしょうか。ここからさらに一歩すすんでいくことができるんではないかと。長時間労働や貧困と格差の拡大のなかで、マルクスが指摘した〝人間の浪費〟の実態があり、企業の利潤第一主義がその根底にあります。

地球温暖化対策もまともな手を打てない。ここにも資本主義の利潤第一主義がその根底にあります。これを本当に解決・コントロールしていくためには、生産手段を一握りの資本家の手から社会の手に移す「生産手段の社会化」が必要じゃないかと。崩壊したソ連は、社会主義とは無縁の抑圧社会でした。僕たちがめざしているのは、発達した資本主義の段階から、国民の合意でそれを乗り越えてすすむ新しい未来社会です。人類の歴史でもはじめての挑戦です。

香山　それは北欧型とも違う？

小池　北欧は資本主義社会ですからね。僕らは、当面のビジョンとして、まず資本主義の枠内で可能な民主的改革です。たとえば、僕たちはルールある経済社会づくりをめざしています。ヨーロッパのように労働時間規制をきちんとする、社会保障制度を抜本的に充実する。そういったことを実現した上でさらに、〝人間の浪費〟から個人の自由の開花など資本主義の制約から解放された社会へ発展する。利潤追求主義から抜け出す社会をつくろうと。だから共産党を名乗っているわけです。いちばんのほかの党との違いですね。

香山　なるほど。それをきちんと国民にいい形でうち出すといいですね。自民党は「共産主義っていうのはみんなが貧乏になる。近代的な暮らしができなくなる」とか必ず脅し型のプロパガンダできます。

小池　「人民服を着せられる」とかね。

香山　普通に聞いたら笑っちゃうようなプロパガンダってすごく有効ですよ。だからこそ、こっちからこういう社会がめざすべき社会なんだということを、うまく出せればいいですね。

小池　僕らは積極的に共産党を応援してくれる人を増やそうとしているなかで「共産党という名前はどうなんだ」という疑問も寄せられます。むしろ僕は「名前こそ魅力なんだ。名前にこそ価値があるんだ。戦争反対と国民主権を貫いた歴史が刻まれている」と話しています。

香山　党名を変え、聞こえのいい、ソフトな名前にするのは間違いですよね。

小池　誤解をとく努力をしっかりしていきたいですね。地道に丁寧に、やっていくしかないと思います。

改憲を発議させない運動と世論を

香山　今年（2018年）って、改憲の国民投票までいくんですかね。

小池　いやいや、それは絶対にさせない。僕らは、〝国民投票の発議をさせない〟という一点で、巨大な運動と世論をつくっていく一年にしたいですね。世論調査でも9条を変えることに反対が多数ですから。これをもっと広げていきたい。

香山　昨年ですが、東京土建調布支部の「憲法勉強会」の講師として行ったんです。ジャンパー着で仕事が終わった人やおかみさん、みんな本当に勉強熱心なの。質問のレベルがすごく高くて逆に「申し訳なかったな、こんな話」って思うくらい（笑）。現場をもってそこの皮膚感覚でいろいろ考えながらものをいう人って強いなと思いました。

小池　安倍9条改憲阻止のたたかいでいちばん大きな力になるのは香山さんも呼びかけ人になっている3000万統一署名です。どこでも街頭で訴えると短時間に多数の署名が集まります。やっぱり9条は変えちゃいけないと思っている人は多いですよ。

香山　大勢集まった昨年（2017年）の3000万署名のキックオフ集会のとき、どっちかというと高齢の方が多いじゃないですか。〝みなさんぜったい安倍よりも一日でも長く生きることを目標に元気を出して頑張りましょう〟と言ったらみんなにすごく受けて。（笑）

小池　いいじゃないですか。（笑）

香山　私たちもはっと気づくと還暦に近い感じで（笑）。いまのようにさえている時間はあと10年ぐらいかもしれないから。やっぱり自分がやってきたことは信じて正しかったって思いたいと思います。

小池　じゅうぶんに発信しているじゃないですか（笑）。今年は、安倍政権を終わらせる一年にして、改憲もきっぱりあきらめさせる一年にしましょう。

香山　そうですね。来年も新春対談があれば（笑）「よかった。終わりましたね」と（笑）あいさつしたいですね。

小池　そういう一年にしましょう。

（「しんぶん赤旗」日曜版２０１８年1月3日号掲載）

若者と社会問題をつなぐ力

対話者

中津留 章仁

（なかつる・あきひと）　1973年生まれ。劇作家・演出家。劇団トラッシュマスターズ主宰。2011年紀伊国屋演劇賞、読売演劇大賞（選考委員特別賞・優秀演出家賞）など受賞。

人間の苦しみや機微描く

小池　明けましておめでとうございます。
中津留　おめでとうございます。
小池　「琉球の風」（劇団東演、２０１６年１１月）拝見しました。とても面白かったです。
中津留　ありがとうございます。
小池　昨年は、トラッシュマスターズ（中津留さん主宰の劇団）の舞台のほかにも、青年劇場の「雲ヲ掴《つか》ム」（４月）、劇団民芸の「篦棒《べらぼう》」（９月）を書かれて。次は？
中津留　２月のトラッシュマスターズの公演で「たわけ者の血潮」です。
小池　タイトルだけで血が騒ぎますね。中津留さんのお芝居を最初に見たのは、トラッシュマスターズの「狂おしき怠惰」（２０１１年）です。新聞の劇評に、ＴＰＰ（環太平洋連携協定）後の日本の医療現場を描いているって出ていた。「そんなことが演劇でできるの」と思って見にいきました。
するとむちゃくちゃ面白くてひきこまれて。それまで、いわゆる小劇場のお芝居って見たことなかったんですよ。あの雰囲気にもしびれて。以来、中津留さんのファンです。

中津留　僕の場合、わりと社会性の強いことをやっているわけですが、演劇というものが社会に対してできることというか、社会に対してどれくらい有効であるかということをいつも念頭におきながらつくっています。

小池　観客に若い人が多いですよね。テーマは、TPP、格差、ブラック企業、沖縄の問題……。原発が必ず出てきたり。若い世代が中津留さんの演劇を通じて、今の深刻な社会問題に目を向けるきっかけになっているんじゃないかな。すごい力を発揮していると思っています。

中津留　以前は社会性の強いものを特にやっていたわけじゃないんです。でも、生きてくる中で、問題意識が出てきたわけです。若い人たちに何を見てほしいかということを考えていくと、自然と社会問題になっていったんですよね。

小池　僕らは政治の舞台でやっているから、〝これはダメだ〟〝こうあるべきだ〟という直線の訴えになりがちです。中津留さんの演劇に出てくる人っていうのは、武器輸出を担う町工場の経営者だったり、「琉球の風」でいえば、沖縄の機動隊員として高江の座り込みを阻止する側で、自分の高校時代の野球部の恩師をごぼう抜きする。とても耐えられないって機動隊を辞めるんだけど、そのあと建設業者としてヘリパッドを造る。そこでしか生きていけない人たちも含めて苦悩を描いていますね。

中津留　人間の苦しみや、機微を描くというのは、演劇のすごくいいところです。

小池　「琉球の風」で野球部の元監督が語る場面がありますね。「悔しいやら情けないやら。でも、いま反対運動やめたらおしまいだと思って頑張ってきたんだ」って。あそこでちょっと泣きそうになっちゃった。

実際に当事者として関わらざるをえない人たちがいるわけで、複雑な思いの中で、〝これは許せん〟という本当の怒りが生まれてくるっていうか。演劇の力だなと思います。

中津留　僕らは、市民の知的好奇心を刺激するみたいなことをテーマに置いてやっていきます。まだまだ見えない問題がきっとたくさんあるでしょうし、そういうものに着眼していくのが僕らの仕事なのかなと。

ところで、安倍さん、いつまでやるんですかね（笑）。ほんと、なんとかしないと。明日にでも止めないといけない。

戦後でも屈指の悪政時代

小池　中津留さんから見て、安倍政権ってやっぱりちょっと異常な感じですか。

中津留　僕はいま、戦後でも指折りの悪政時代じゃないかと思っています。自民党の同じ人が長い政権を持っているときって、小泉（純一郎）さんのときもそうですけど、いいことがあったためしがない。

小池　小泉さんのときに比べてもあまりにも異常ですね。一つは自民党の中に異論が全く起こってこない。モノトーン（単色）になっています。

たとえば、ＴＰＰはアメリカがやめるって言っているんだから、全く成り立たない協定になっているのに、「こんなのもうやめようよ」という人が自民党の中から出てこない。

カジノも旧来の保守だったら、ちょっと待てよ、となってましたよ。

だって日本の観光というなら、美しい自然とか歴史的建造物とか文化とか、誇るべきものはいっぱいあるでしょう。それなのに、虚飾の世界というか、カジノで巻き上げたお金を別の人に移すことを〝経済成長戦略〟だという。しかも、賭博ですから、身を持ち崩す不幸な人が必ず出てきます。そういうことに待ったをかける人がいない。異常ですよ。

中津留　国としての品格も下がるというか、ほかの国から見たときにカジノが日本にできるっていうのは結構大きいと思うんです。

小池　カジノもそうですが、安倍政権自体が年金のお金を株式市場につぎ込むという、国民の財産をギャンブルにつぎ込むようなことをやっている。そういう点で、確かに品格が疑われる政治ですね。一日も早く倒さないといけない。

中津留　そうですね。これは僕だけじゃなく、多くの人がきっとそう願っていますよ。

「異論」には弱い安倍政権

小池　安倍政権についてみなさんと話していると、とにかく盤石で、びくともしないというイメージを持っている方が結構多いんですよ。ただ、僕はそんなに強さは感じないんですね。非常にもろいというか。

中津留　僕も同じ印象です。盤石とは全く思いません。あの人は、自分に批判的なものを内部で統率して抑え込んでいる。それは民主主義においてはすごく貧しい考え方です。党内でもっと議論すべきですし、反対意見を言う人たちがいた方がいいはずです。保守ってずっとそうでしたよね。それがないから盤石に見えるだけです。

小池　おっしゃるとおりです。異論にすごく弱い。多少の異論をも取り込みつつ、一定言うことも聞く。昔の自民党はそういうところもあったんですね。安倍政権にはそういう余裕がない。臨時国会の最終盤には、ＴＰＰ、年金カット、カジノ解禁と、３悪法をたてつづけに強行しました。強行、強行でやるのは、正面から議論して勝つ自信のなさの表れですね。

中津留　自分の言うことは聞かせたい、相手の言うことはわからない、聞かない。安倍さんは対話ができない人ですよね。行き着くところ、おじいさま（岸信介氏）の（A級戦犯容疑者としての）汚名をそそぐことと、アメリカとの関係の二大柱だと思うんですよ。そういうふうに解読していけば、すごくわかりやすい人です。

小池　かつての自民党は、基本的な路線のなかでも一定の振り幅があったんですが、いまそういう度量もなくなって、財界の中枢部の要求だけを忠実に実現し、それ以外のところは情け容赦なく切り捨てる。ＴＰＰなんてまさにそうです。

これは強いように見えて、自民党を支えてきた力であった部分をどんどん壊しているし、安倍政権が倒れたら自民党政治は終わるんじゃないか、ぐらいのところまできていると見ています。

中津留　本当は異論がある人はいるんでしょうけどね。でも、党内に現政権に異を唱えるということを美徳としないというか、そういうやり方はちょっと気持ち悪いですね。

小池　小選挙区制度が徹底してきて、党が立候補の権利を押さえていますから、ものを言えなくなっているというのはあると思うんですけど。それに対して、市民運動の側では、今までにない広がり、高揚が出てきているんですよ。

中津留　ええ。

市民運動が変わってきた

小池　戦後かつてない市民革命的な動きが出てきて、市民運動が変わってきている感じがします。安保法制での「ママの会」「ＳＥＡＬＤｓ（シールズ）」もそうでした。かつてない新しい運動が生まれて、その人たちがただ単に市民運動にとどまるんじゃなくて、政治に対して発言している。

僕は安保法制が強行されたときに、参議院本会議で最後の反対討論をやったんですが、真夜中の２時、３時ぐらい、国会の周りで上がっていたシュプレヒコールは、「野党はがんばれ」で、強行されたとたんに「選挙に行こうよ」ってコールされた。今までいろんな運動と国会の政党の動きは分断されていたところがあったけれども、一体となって声を上げる運動に変わってきた。

僕らもそれに後押しされて、「国民連合政府をつくろう」と呼びかけました。国政レベルで初めて全国的な規模で選挙協力をやろうと提起して、参議院選挙もたたかったんですよね。私たち日本共産党も変わったし、市民の側のたたかいも、量的にも質的にも変わってきてるんじゃないかな。すごく手ごたえを感じています。

中津留　僕らが政治的なテーマの舞台をやるようになって、もう7、8年たつんですが、そのころから「なんかおかしいぞ」っていう空気が流れていたのは体感としてありました。僕だけじゃなくて、他にも「ちょっとなんかおかしいぞ」って感じた人たちが、同時多発的に政治を批判するような題材をドンと出してきた。

〝演劇は時代の鏡〟という言葉があります。いまがどういう時代だったか、何十年かたったときに戯曲を読んで、なるほどこういう空気だったのかとわかるようにしたいですね。安保法制が決まったときは戦後70年が重なる年で、大勢の人が国会前に集まり反対の声を上げたんだという時代の雰囲気が伝わるように。

芸術の役割、震災通じ発見

小池　中津留さんの生まれは大分県ですよね。政治的なものに若いころから触れていたんですか。

中津留　小学校の低学年ころに、東京からフリーのジャーナリストたちが、片田舎の僕の家に取材に来まして。祖父は、日本軍が中国の南京を侵略したときに、南京城にたまたま一番乗りして旗を振って勲章とかもらっているんですよ。そのことで僕の小学校でもちょっとした〝事件〟があって。祖父は寝たきりだったんですが、ジャーナリストにはなにも話をしなかったそうです。それが自分と社会の関係をつくった一つのエピソードです。

小池　歴史的な出来事とか戦争と、一人の人間の人生と、そこでクロスしたということですね。

中津留　それから南京大虐殺の記事とかいろいろ読んで、そんな子どもでしたね。大学では建築を勉強しようと思ったんですけど、俳優の養成所に通ってそこの仲間と劇団をつくりました。最初はコメディーをやっていたんですが、もうちょっと面白い芝居をつくりたいと話して、シリアスな社会問題とか、人間ドラマに入っていきました。

小池　3・11の東日本大震災の影をお芝居の中に感じます。やはり、大きなインパクトだったんですか。

中津留　俳優をめざしているころに、ちょうど阪神・淡路大震災があって。あのときに、自分が芝居をやっていることがなんて恥ずかしいんだと思ったんですよ。世の中で一番いらない職業が俳優だと思ってしまって。

小池　たくさんの人が命を落とし苦しんでいるときに、自分になにができるのかということですね。

中津留　僕にはなにもないじゃないか。芝居を勉強している身だけど、そもそも建物がなければ芝居もできないし、みんながお金をもっていなければチケット代も払えない。本当に一番いらない職業が俳優だと思って、自分を責めていたんですよ。
でも、震災のときって多くの人が精神的なダメージを受けるじゃないですか。その心を救ったり、癒やしたり、強くしていけるのが芸術じゃないかということを発見できたというか、発想を変えることができたんです。
ですから3・11のときは「僕の出番だ」くらいの気持ちで書きました。「黄色い叫び」という作品です。書いていたものを急きょ書き換えて。いくつか賞もいただきました。

小池　その後、すごく注目されることになりましたね。

中津留　当時、もともと予定していた上演を中止するかどうか、話し合っていたんです。僕は出演者が全員ＯＫであれば、話を震災ものに変えたいんだと話しました。計画停電に入りそうだけど、途中でろうそくにしたり、手持ちの懐中電灯にするというプランもあると。公演が終わって劇団のメンバーとすぐボランティアに行って。

小池　どこに行かれたんですか。

中津留　石巻に。みんなでテントを立てて。ボランティアの泊まる場所もあったんですが、自分たちのことは自分たちでやりますと。場所だけ借りて自炊して、「これをやってください」と言われた仕事をやりました。その体験が「背水の孤島」の中にエピソードとして出てきます。

小池　なるほど。

憲法守る政治とりもどす

中津留　共産党はいま追い風というか、議席を増やし、躍進しているさなかですね。

小池　２０１３年の参院選挙から、総選挙、統一地方選挙、昨年の参院選挙と議席を伸ばしたんですが、もっと伸ばさなければならないと考えています。安倍政権を倒すために、野党が市民と力を合わせてたたかう必要があります。そのためにも共産党自身がもっと大きくなることが必要です。共産党がこの間、議席を伸ばしてきたことで、国会の中でも存在感が高まり、野党共闘を進める力になっていますから。

新潟の県知事選挙は、柏崎刈羽原発再稼働反対という明確な旗を立てて、各野党も本気で共闘しました。野党が力を合わせて、市民と一緒になってたたかえば、自民・公明も打ち倒すことができるということを経験しました。

次の総選挙でも、しっかりした旗を立てて本格的に相互推薦・相互支援してこそ勝てます。

中津留　野党間では、すごく意見交換をされた方がいいと思います。食い違うところもあるでしょうけど。

小池　そうなんです。

中津留　連立政権を組むときは、そこが問題になりますよね。別々の政党であるがゆえ、違いがあってしょうがない部分もありますよね。ある程度、譲れない部分もあるでしょうけど、一緒になって大きな敵を倒すために組むという目的を持つのであれば、話し合えるんじゃないかという気がしますね。何が目的なのか、何のために集まっているのか、ということです。

小池　安倍政権は憲法というルールがあるにもかかわらず、無視して進むという独裁といっていいやり方ですから、野党は力を合わせて、まず憲法をきちんとルールとして守りぬく、立憲主義をとりもどすことが大事ですね。そのことが一人ひとりの個人を大切にする政治につながるし、原発のような個人の権利も命も奪う最悪のものを止めていく力にもなると思います。

言葉を大切にして伝える

中津留　共産党の大会の決議案も拝見しましたよ。共産党っていう政党は理念がはっきりしていることが強みですね。それにとてもわかりやすい。一つ一つの政策とか、細かいところまで、僕が書いてきた戯曲とも重なって、共通したところもたくさんあり賛同できました。

一言いえば、理念に対して現状の矛盾をどうとらえるかですね。たとえば、憲法と自衛隊の矛盾が大きい。この矛盾に対する市民の空洞というか、心のよりどころのなさ、これをどうとらえていくのかに関して、もう少し書き込んでもいい、文脈がほしいなという気がします。

それと言葉。あえて言葉といいたいんですが、行き違うことっていっぱいあると思うんです。批判するときも、相手の正当性をちゃんと理解しておくということがとても重要だと思うんです。

小池　それはすごく大事ですね。いまメッセージの伝え方をもっと考えなきゃいけない、自己改革しなきゃいけないと決議案でも強調しているんです。

とくに市民と野党の共闘という新しい段階にきて、僕らも日々試されている。いろいろと立場の違う、いままでのいきさつも違う、そういった人たちとほんとに心を通わせる、相手をリスペクトする、それがこれからの共闘、新しい政治をつくっていく上で、すごく大事だと思っています。憲法と現実とのギャップ、矛盾をどう埋めていくかという作業も、僕らにとってすごく大事です。

中津留　安倍政権って、そこを逆手にとっていると思います。空洞を国民が埋めきれないのを逆手にとっている。ですから、そこに対するなにかがあった方が明確になってくると思うんですね。矛盾というものを、見ないもの、自分たちの範囲外だとしてしまうと独裁を許していきます。

世界で劇的変化の可能性

小池　私たちが世界の動きで注目しているのは、ヨーロッパで市民と連携した運動が政権を担うような動きが生まれていることです。アメリカでも民主的社会主義者を名乗るサンダースさんがあと一歩で民主党の大統領候補になるところまでいきました。結局、トランプさんになったけれども、今の閉塞《へいそく》感の現れだと思うし、トランプさんでは絶対解決できません。むしろ格差が広がることになったときに、さらに劇的な変化が起こる可能性があると思います。もちろん、ヨーロッパで極右が台頭する危険もあるし、紆《う》余《よ》曲折もあるけれども、面白い動きが起こっている感じがしています。

中津留　昨年（2016年）、「殺人者J」という芝居をつくったときに、ちょっとそのことに触れていて、トランプという言葉は出てこないんですけど、におわせる場面が2回ぐらいあります。
EUからイギリスが離脱するとか、格差拡大によって先進国で似たような現象が起きていますね。僕の言葉の使い方だと、先進国の人々が「やさぐれている」と思うんですよ。不信感が強い。大企業はお金をたくさん蓄えている。これに代わる新しい理念とか、新しいシステムを考える時期がきている気がします。

小池　「やさぐれる」とおっしゃったけど、僕が演劇を見に行くのは、国会とか政党討論会とか出ると、「ささくれだつ」ことが結構あって（笑）癒やす思いもあるんですね。

中津留　他の国会議員の方にも勧めてください。これ見てから議論しようと。（笑）

小池　メッセージの伝え方なんか、ほんとに勉強になります。そんなこと考えていると、あんまり癒やされないけど（笑）。次の作品もぜひ楽しみにしています。

中津留　がんばってください。ほんとに一日も早く、安倍さんをやめさせてください。

小池　わかりました。必ず、ご期待におこたえします。

（「しんぶん赤旗」日曜版2017年1月3日号掲載）

人と人つながる喜び

対話者

重松　清

（しげまつ・きよし）　1963年生まれ。作家。著書に『エイジ』（朝日新聞社。山本周五郎賞）、『ビタミンF』（新潮社。直木賞）、『十字架』（講談社。吉川英治文学賞）など。

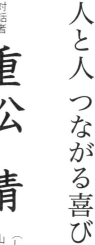

小池　お忙しいところ、ありがとうございます。

重松　こちらこそ、大変楽しみにして伺いました。いつも乗る駅の前に小池さんのポスターが張ってあって、「この人に今日会うんだな」と。（笑）

小池　重松さんの小説が大好きで、よく読んでいます。生きづらい世の中で頑張っている人に温かいエールをおくり続けていますね。頑張らなきゃと勇気づけられます。

「社会はあなたを必要としている」と語りかけるところから始めないと

小池　重松さんが出演されたNHK教育テレビの番組「作家・重松清が考える　働く人の貧困と孤立のゆくえ」（2009年11月8日放映）を見て衝撃を受けました。派遣労働者だった青年が、〝友達はつくらない。自分と比べて、自分をかわいそうだと思いたくなかったから〟と話していて……。

重松　そうなんです。

小池　その彼が、一緒にたたかう労働組合の仲間と出会い、語り合うようになる。人間らしい連帯を感じました。私は一昨年（０８年）末から年明けにかけて派遣村に通いました。そこでも、自然発生的に支援の人たちが集まり、みんなで語り合い、支えあって、孤立を深めていた人たちが社会とつながっていく。そんな姿を見て、素晴らしいと思いました。

重松　人は誰かとつながっていなきゃだめなんだと思います。家族でなくたっていい。孤立は苦しい。あの派遣村に参加した人たちが定期的に集まっているんです。誰かが病気で寝込んで大変だという情報が入ると、見舞いに行くそうです。派遣村は解散しても、つながった喜びの記憶があるのはとても大きなことだと思います。

小池　重松さんは、０８年6月の秋葉原連続殺傷事件に大きなショックを受けたとおっしゃっていますね。

重松　派遣労働者だった被告は、孤立する中で、一番やってはいけないことをやってしまった。番組の取材でも、予想以上に孤立している人が多いことに驚きました。これ以上孤立を深めさせてはいけないと実感したんです。

小池　私もそう感じました。

重松　首都圏青年ユニオンに参加した若者たちが、団体交渉をして労働者としての権利が認められる。その喜びはもちろんあるけど、それ以前に自分の思いを誰かに伝え、一緒に話せたことを喜んでいます。いまは、連帯するとか、人とつながることに大きなハードルがあり、そこから問い直さないといけない。３０歳を過ぎた人間が孤立しているということは、昔はそんなになかったけれど、いまはリアルな問題としてあるんですね。

小池　いまの若い世代には、３０代を含めて、自分が社会でいらない存在だと思わされている人が多い。そういう人たちには、「社会はあなたを必要としている」と語りかけるところから始めて、政治や社会の話に入っていくようにしています。

重松　政治離れ、社会離れという以前に、話すことそのものから離れてしまっている。話し相手が必要なんです。僕の小説は小学生や中学生の主人公が多く、小中学生からファンレターが来ますが、半分は自分の悩みです。友達関係の悩みといったとき、僕や小池さんの世代なら「引っ込み思案で友達ができない」という悩みが多かったでしょ。

小池　そうでしたね。

重松　いま一番多いのは、表面的には友達とワイワイやっているけど、本音が話せないとか、空気を読むのに気疲れする、本当に話せる友達がほしいという悩みです。昔は友達ができないという非常に分かりやすい孤独だったけど、いまは友達の中にいて孤独を感じてしまう。派遣の問題も、「自己責任」にしてしまえば分かりやすいわけですよ。「好きでやっているんだから」と。そうじゃないものがいっぱいあるのに、そこが見えづらい。見えづらいものを見ていくところから始めないと、分かりやすい形では出てこない。

小池 子どもたちは競争教育でぎりぎりまで追い詰められて、社会に出たときも、若者の2人に1人が非正規労働者です。就職というスタート地点から、社会とつながらない働き方になってしまう。3カ月や半年の有期雇用、あるいは派遣と、バラバラにされている。いまの社会が孤立をつくっているのだと思います。政治の責任は大きいですね。

人を「燃料」として使うのは間違っている

重松 番組で取材した「名ばかり店長」は、1日20時間働き、うつ病を発症しました。彼の一言が、いまだに僕の心の中に残っています。「僕は会社の燃料でした」と。一昔前は「会社の歯車」といったものです。でも、彼は「歯車なら残る」と言う。使ったら消えてしまう「燃料」なんです。

小池 その人は、いわゆる100円ショップで、店長以外は全部非正規労働者でしたね。人手が足りないから、朝出勤して、翌日の朝退社して、10分後にまたタイムカードを押している……。

重松 彼はやっと正社員になり、さあ頑張ろうと思っていたら、「燃料」に使われた。何かが間違っているとしか思えない。これは政治で正してもらうしかない。個人の頑張りとか、周囲の理解とか同情とかいうレベルでは解決できません。

小池　その通りですね。1985年に労働者派遣法ができて、99年に派遣業務が原則自由化され、2003年には製造業まで派遣を解禁してしまった。一貫して反対したのは、日本共産党だけです。政府は、労働者の「多様な働き方のニーズにこたえる」と言っていたけれど、私の出会った派遣労働者は、これしか仕事がなかったからやらざるを得なかったというのが圧倒的でした。企業の側にとっては、使い勝手のいい、雇用の調整弁という扱いになっていました。労働者派遣法の規制緩和が、働く現場での乾いた関係を広げた最大の要因なんです。これは政治の責任で元に戻さなくてはいけないと思います。

重松　「働き方の多様性」をうたっているけど、現実的には「雇い方の多様性」であって、結局、企業サイドに都合のいい解釈ができる。ほかに選択肢がないのに、「自分で選んだのだから」と自己責任論がまかり通る。あまりにも現実を見ていません。

小池　本当にそうですね。派遣村が出現したときも、自民党の政治家が〝怠け者が集まっている〟と言って大問題になりました。こんな見方じゃダメですよ。

重松　会社がつぶれて再就職できないうちに家賃が払えなくなり、引っ越しもできない。そうなると寮つきの派遣にとりあえず入る。選択肢がないんですよ。

小池　仕事を失ったら家も失うというのは、住まいの権利まで軽んじられているということです。派遣村の取材に来ていたフランスの通信社の記者が「信じられない」と言っていました。冬に労働者を家から追い出すような企業は、フランスでは社会的に糾弾されて、やっていけなくなると。

人との付き合いができない社会ではダメ

重松 いま、一番期待しているのは、労働者派遣法の抜本改正です。僕は最初、新政権の象徴的なものとして電撃的に変わってくると思ったんですよ。アメリカのオバマ政権にしても、日本の民主党にしても、「チェンジ」という言葉に過大なロマンを持っていましたが、どうも変わらない。「えーっ」というのがあって。派遣法にかんしては、現実に住まいを失う人がいるわけですから、最優先でやってほしかったけれども、時間がかかっている。

小池 私たちは、製造業への派遣を禁止する、その日暮らしで人をもののように扱う登録型派遣も原則禁止する、企業に違法行為があったらみなし雇用制度という形で正社員にしていく――ことなどを主張しています。そういったものがきちんと盛り込まれるかどうか、せめぎあいの最中です。財界の抵抗がかなり強いんですよ。

重松　そこが分からないですね。ここまで言われて、企業サイドはどういう論理で登録型派遣をオーケーというのですか。

小池　派遣労働の規制を強めると、雇用が減って失業者が増えるというのです。いつもそういう「理由」です。でも、雇用を増やすといって、結局、正社員が不安定雇用に置き換えられただけです。仕事そのものがなくなったわけではないのですから、それを派遣から直接雇用にすればいいだけの話です。目先の利益だけを優先して切り捨ててしまうのは、企業にとってもマイナスだと思います。

重松　そうですよね。人を育てるのが日本型企業の利点だったはずなのに。会社は一握りのエリート社員と、その他大勢の派遣で成立するというのかもしれない……。

小池　大企業の側はそれを狙っています。９５年に財界団体の日経連（日本経営者団体連盟、当時）が発表した「新時代の『日本的経営』」が、いまの労働法制改悪のテキストみたいになっています。ごく一握りのエリート社員と専門職、その他大勢の不安定雇用でこれからやっていくんだと。これは社会そのものの基盤を掘り崩していってしまう。それが、「非正規切り」と派遣村という形ではっきり目の前に現れてきた。

重松　貧困と孤立は直結しています。最低賃金で１カ月暮らすという労働組合の取り組みを番組で紹介したのですが、何から削っていくのかというと交際費です。お祝いのお金を出せない、食事に誘われても行けない。もう1回、憲法25条の「健康で文化的な」生活の意味を考えてほしい。

小池 まったく同感です。

重松 最近も、親が亡くなって、お葬式を出すお金がないから埋めてしまったという話がありました。最低賃金の「最低」には、孤立を避けるということが入っていない気がしています。

小池 「最低賃金は時給千円以上」というのは切実な要求ですよね。生活保護もそうです。母子加算や老齢加算をなくしてどうなったか。お年寄りに聞くと、真っ先に削られたのは冠婚葬祭費なんです。友達の集まりに行かなくなった、葬式に出なくなった。高齢者にとっては切ないことです。

重松 そうですよ。人との付き合いができない社会ではだめです。

小池 憲法25条が本当に機能していない。人間らしい生活とは何なのかをみんなで考えて、それをしっかり保障することにみんなで知恵も力も出すことが必要ですね。

重松 「健康で文化的な」というのは、心身の健康ですよ。今日はいい一日だったな、明日も頑張ろうとか。自分の居場所、安らげる場所があり、安らげる人間関係がある。そういうのを全部含めて「健康」だと僕は思います。「健康」の定義から問い直してほしい。

生活のリアリティーを持つ言葉には説得力がある

重松　僕は、小池さんがお父さんであるということに、すごく信頼を置いています。社会の中堅の年齢で、子どもたちの将来をどうするかという目線を持っている。生活のリアリティーを持っている人の言葉に、僕は一番説得力を感じるんです。小池さんは、どうして共産党議員という政治の道を選んだのですか。

小池　私の原点は病院での体験なんです。医療現場で患者さんと向き合う仕事に大きなやりがいを感じていましたが、どうしても医療制度の問題にぶち当たる。懸命の治療で命をとりとめたのに、その後の介護が受けられず亡くなったと聞くと、やり切れない。政治を変えないとこの人たちの命を守れないと痛感したんです。演説会では、「いま国会、永田町病院で日本の病気を治療しています」と自己紹介しています。命を守るというのが、共産党の国会議員として仕事をしている原点です。

重松　命を守るって、国会議員みんなが言わないとだめですよね。政治には、もう一回、命を守るという所に戻って、踏ん張ってほしい。少子化問題で「命を増やせ」というでしょう。それなら、政治も「産んだあとはまかせろ」「セーフティーネット（安全網）

をこれだけ張ってあるから頑張れ」と言ってほしい。

小池 その思いで頑張ります。重松さんもぜひ、いまの派遣など不安定雇用の若者にエールをおくる作品を書いてください。

重松 僕はね、いま、書きたくてしようがないんです。自分の文章や、言葉や、物語や、発言が、何らかの支えのくぎの1本にでもなったらうれしい。だから、小池さんの「命を守る」という言葉がすごくうれしかったし、僕の小説も、最終的にはそこに向きたい。

小池 私は医療現場で働いていましたから、保険証を取り上げられて病院にかかれない人のつらさとか、「後期高齢者」と呼ばれてしまうことの切なさがよく分かります。

重松 僕は言葉を書くのが仕事ですから、人を独りぼっちにしない言葉を、物語を、これからも書き続けていきたい。本当に具体的な、現実的な、独りぼっちにしないシステムをつくる方策は、小池さんにまかせるしかないなというのが本音ですが……。

小池 いま話し合った仕事に全力でとりくみます。今年は参院選もあり、日本共産党は躍進をめざします。私自身、東京選挙区の候補者になりました。ぜひ、引き続き国会で、命を守るという原点での政治を実現したい。若者たちが日本に生まれてきてよかったと感じられるような、希望の灯をともし続ける仕事を、政治の場でやっていきたいと思います。

(「しんぶん赤旗」日曜版2010年1月10日号掲載)

小池 晃（こいけ・あきら）
1960年生まれ。医師勤務を経て98年の参院選で初当選（現在3期目）。
日本共産党政策委員長、副委員長などを歴任し2016年から書記局長。
著書に『これからどうする！　介護と医療』（2001年）、『どうする 日本の年金』（04年、ともに新日本出版社）がある。

小池晃対話集《こいけあきらたいわしゅう》——政治《せいじ》に希望《きぼう》はある

2019年4月25日　初　版

著　者　小　池　　晃
発行者　田　所　　稔

郵便番号　151-0051　東京都渋谷区千駄ヶ谷4-25-6
発行所　株式会社　新日本出版社
電話　03（3423）8402（営業）
03（3423）9323（編集）
info@shinnihon-net.co.jp
www.shinnihon-net.co.jp
振替番号　00130-0-13681
印刷・製本　光陽メディア

落丁・乱丁がありましたらおとりかえいたします。

ISBN978-4-406-06350-0 C0031　Printed in Japan